세상을
움직이는
착각의 법칙

세상을 움직이는 착각의 법칙

이철우 지음

매일경제신문사

지겨울 정도로 거듭되는 대통령 친인척 비리는 언제나 우리 사회의 크나큰 골칫거리였다. 집권 전이나 집권 직후 역대 대통령은 자신에게는 친인척 문제가 절대 일어나지 않을 것이라고 장담했다. 하지만 이러한 장담과는 달리 임기가 지나감에 따라 친인척 문제는 어김없이 불거져 나왔다.

우리 사회에서 친인척 비리가 거듭되는 데에는 여러 가지 이유가 있겠지만 가장 큰 이유는 바로 당사자들, 즉 대통령들의 착각에 있다. 적어도 자신은 다른 대통령들과는 전혀 다르니 친인척 비리가 일어날 수 없다고 생각하는 착각이다. 다른 대통령이야 어떨지 몰라도 자신의 경우만은 절대 괜찮을 것이라고 믿어 의심치 않는 착각이다. 이러한 착각에 빠져 있다 보니 친인척 비리를 막는 장치를 마련하는 데 소홀해지고 만다.

자기는 남들과 다르다고 생각하는 이러한 착각은 대통령들만 빠지는 것이 아니다. 개인적인 노력이 병행되지 않는 한 사람이라면 누구나 빠질 수밖에 없다. 이러한 착각 때문에 사람들은 남이 하는 것을 답답해하고 자기가 하면 더 잘할 수 있을 것이라고 생각한다. 게임마다 훈수꾼이 빠지지 않는 것은 바로 이러한 착각 때문이다.

착각은 너무나 일상적이다. 공주병, 왕자병 정도는 아니지만 우리는 너나 할 것 없이 하루에 몇 번씩은 착각에 빠져들고야 만다. 가령 내가 시험에 떨어지면 운이 없었던 것이지만 남이 떨어졌다면 그것은 100퍼센트 실력이 없었기 때문이다. 회사 일은 나 혼자 다 하는데 월급은 너무나 적다. 회사 일은 하지도 않는 것들이 눈치만 잘 보고 손만 잘 비벼 턱없이 높은 월급을 받고 있다. 실력도 있고 일도 잘하는 자신이 너무나 억울하기만 하다.

착각하기는 쉽지만 착각의 결과는 강렬하다. 착각 때문에 우리는 인간 관계에서나 돈 문제에서 너무나 많은 손해를 본다. 또한 쓸데없는 착각으로 스트레스를 받아 스스로의 정신 건강을 해치는 경우도 적지 않다. 술 마시고 태연히 운전대를 잡아 결국 모든 것을 잃는 사람도, 수뢰죄로 쇠고랑을 차는 정치인들도 다들 자기는 괜찮을 것이라 착각하고 있었을 뿐이다.

착각에 빠지는 것은 개인만이 아니다. 사회 전체가 착각에 빠져 들 때도 드물지 않다. 이럴 경우 사정은 더 복잡하다. 사회 전체가 착각에 빠졌을 때 착각에 빠지지 않은 사람들은 소수로 전락할 수밖에 없다. 이들이 하는 올바른 말은 다수에 의해서 무시된다. 말할 수 있는 기회 자체가 봉쇄당하는 경우조차도 드물지 않다. 결국 착각에 빠진 사람이 멀쩡한 사람을 보고 착각하지 말라고 우기는 본말이 전도된 현상이 벌어진다. 착각이 다수의 힘을 빌려 진실의 행세를 하고 마는 것이다.

우리 사회를 잘 아는 외국인들은 한국 사람들이 너무나 민족주의적이고 권위주의적이라고 지적한다. 권위주의적이거나 민족주의적인 사람은 인지적으로 단순하다. 다시 말하면 사물을 흑백이라는 이분법으로만 본다. 인간 관계에서도 모든 것을 내 편, 다른 편으로 나누기를 좋아한다. 그리고 내 편은 항상 옳고 다른 편은 언제나 틀렸다고 생각한다. 이러한 심리적인 성향 때문에 우리 사회는 착각에 빠져들기가 쉽다. 우리 사회에서 어떤 일이 착각이냐 아니냐는 중요하지가 않다. 중요한 것은 착각 여부가 아니라 누가 했느냐이다. 내 편이 했으면 설사 그것이 착각이라도 무조건 옳은 것이다. 다른 편이 했다면 설령 그것이 진실이라도 물론 틀린 것이다. 어찌 보면 일부러 착각을 하면서까지 내 편이 한 것이 옳았다고 믿고 싶어하는지도 모른다.

나는 지난 4년간 투자 심리를 연구해오면서 주식시장에서 사라져가는 수많은 투자자들을 보아왔다. 그들은 30여 년 경력의 베테랑부터 상한가가 무엇이냐고 물어보는 완전 초보에 이르기까지 투자 경험과 투자 지식에서 상당한 차이가 있었지만 한 가지 공통점이 있었다. 그것은 바로 착각하고 있었다는 것이다. 그들은 모두 잘만 하면 평생 먹고살 수 있는 돈을 한방에 벌 수 있다는 착각에 빠져 있었다. 그리고 그것이 치명적인 실패를 불렀다.

그렇다면 그들은 왜 착각해야만 했을까? 착각에는 사람인 이상 빠질 수밖에 없는 것들이 있다. 이러한 착각으로부터 자유로울 수 있는 사람은 거의 없다. 물론 이러한 착각들은 개인적인 노력으로 정도를 약하게 할 수 있다. 하지만 문제는 이러한 착각들보다 우리를 끊임없이 착각에 빠뜨리려고 하는 사회적인 장치이다. 주식 투자로 몇 사람이 돈을 번 것을 가지고 호들갑을 떨어 모든 사람들이 돈을 벌고 있다고 착각하게 만들고 더 투자하면 돈을 벌 수 있다고 믿게 만드는 사회적인 장치가 사람들을 쪽박으로 내몰았던 것이다.

이러한 장치가 주식시장에서만 기능하는 것은 결코 아니다. 소비를 포함하는 우리들의 모든 일상 생활에서도 이러한 장치들은 정교하게 기능하고 있다. 한마디로 말해 우리 주위에는 우리를 착각에 빠뜨리기 위한 것들 투성이라는 말이다. 따라서 우리가 멀쩡하게 세상을 살아가기 위해서는 착각에 대해서 반드시 폭넓게 이해하고 대처해야만 한다. 이것이 내가 이 책을 쓰게 된 동기이기도 하다.

이 책에서는 일상 생활을 해나가면서 우리가 이미 빠져 있거나 빠지기 쉬운 마음의 착각을 살펴본다. 다루어진 착각들은 일상 생활, 소비, 투자, 조직 등 다양한 영역에 걸쳐 있다. 물론 우리 사회 전체가 빠져 있는 착각도 빼놓을 수는 없다. 그리고 착각이 일어나는 심리적인 메커니즘을 이해함으로써 착각하지 않는 길을 살펴본다.

착각해보아야 남 좋은 일 시키는 것이라는 것을 우리는 모르고 있다. 착각을 부수면 적어도 지금과는 세상이 다르게 보인다. 덩달아 마음과 지갑도 건강해진다. 우리 모두 착각에서 벗어나자.

1장

정도의 차이는 있을망정
우리는 누구나 착각에 빠져 있다.
이번 장에서는 누구나 겪게 되는
일상 생활에서의 착각에 대해 알아본다.

누구나 빠져 있는 일상 생활의 착각

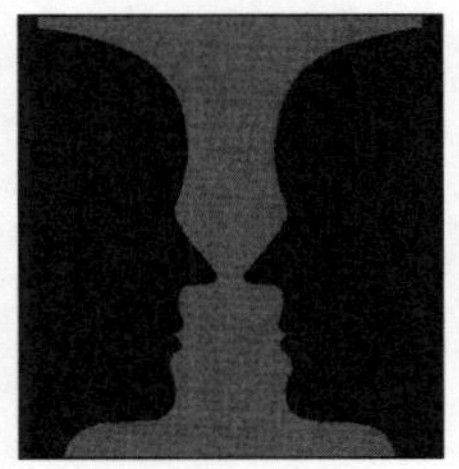

기다렸다 먹는 식당의 음식이 맛있는 이유

샐러리맨에게 고민거리가 어디 한두 가지랴마는 매일매일 점심 메뉴 고르는 것도 만만치는 않다. 사무실을 나서면 널린 것이 음식점이지만 딱히 여기다 할 곳은 쉽사리 눈에 띄지 않는다. 괜찮다고 소문이 난 집을 찾아가면 어김없이 기다려야 한다. 기다려서 먹는 것도 하루 이틀이지, 결국 귀찮아서라도 점심을 대충대충 때우고 마는 것이 평균적인 샐러리맨일 것이다.

서울 시내에도 한참을 기다려야만 먹을 수 있는 곳이 드물지 않다. 심한 경우는 12시면 자리가 꽉 차버려 자리를 잡는 데 30분 이상을 기다려야 하는 곳도 있다. 손님들이 식사 중인 테이블 사이사이에까지 기다리는 사람들이 꽉 차 있다 보니 제대로 된 서비스는 아예 기대할 수조차 없다.

이런 집의 음식 맛에 대한 평가는 사람에 따라 각양각색이다. 역시 1시간을 기다렸다 먹어도 아깝지 않을 만큼 맛이 있다는 사람으로부터 별것도 아닌데 수선들이라는 사람들까지……

과연 이러한 집의 음식은 정말로 맛이 있는 것일까?

상식적으로 생각해보면 30분쯤 기다리고 나서 먹다 보면 웬만한 음식은 다 맛있을 것이다. 시장이 반찬이라고 하지 않는가. 더구나 다른 사람들이 맛있게 먹는 모습을 보면서 기다렸으니 공복감은 더할 것이고 이런 상황에서야 맛있다고 느끼지 않으면 오히려 이상할 것이다. 생리적으로 보아 맛있게 느낄 수밖에 없는 조건은 이미 형성되어 있다는 말이다.

여기에 또 우리의 마음이 한술 더 뜬다. 심리적인 면에서도 우리는 기다렸다 먹는 음식을 맛있다고 느낄 수밖에 없다는 말이다.

어느 날 점심 때 사람이 많이 기다리기로 유명한 음식점을 찾아갔다고 생각해보자. 그날도 예외가 아니라서 30분 정도를 기다렸다가 겨우 자리를 잡아 음식을 먹게 되었다. 그 집 음식이 맛있다는 것이 헛소문이었던지 아니면 그날 따라 무엇인가가 잘못된 탓인지 음식 맛은 기대했던 것보다는 별로였다. 이런 상황이라면 당신의 반응은 어떠할까? 계산을 마치고 나오면서 '에이, 쓸데없이 30분이나 기다렸네. 다시는 안 온다' 라고 생각할까, 아니면 음식이 그래도 맛이 있었다고 생각하게 될까? 답은 후자이다.

'이 음식을 먹기 위해서 30분이나 기다렸다' 라는 생각과 '그럼에도 불구하고 맛은 시원치 않다' 라는 생각은 모순되어 마음속에서는 불쾌감이 생겨난다. 사람은 이러한 상황이 닥치면 어느 한쪽을 바꾸어 마음의 안정을 찾으려 한다.

30분이나 기다렸다는 사실은 도저히 바꿀 수가 없다. 이미 엎질러진 물이니까. 그렇다면 바꿀 수 있는 것은 '맛이 시원치 않았다' 라는 생각뿐이다. 역시 이 집 음식은 맛이 있고, 그러니 사람이 많이 올 수밖에 없다고 해석해버리는 것이다. 맛이 있기 때문에 맛있다고 느낀 것이 아니라, 맛이 있다고 생각하니 맛있다고 느껴지는 것이다. 결국 착각이라는 말이다.

물론 음식점 가운데에는 남들보다 좋은 재료로 정성을 다해서 음식을 만들어 그 집 고유의 맛을 자랑하는 집이 많이 있다. 이런 집이라면 30분 기다려서 먹는다고 해서 투덜댈 사람은 별로 없을 것이다. 하지만 나름대로의 조리법도 없이 교묘한 상술로 사람을 기다리게만 만드는 집에서도 앞에서와 같은 심리로 맛있다라는 소리를 연발한다면 그것은 코미디이다.

이러한 상술에서 벗어나는 법 한 가지가 있다.

사람은 각양각색이어서 기다리는 것이 질색인 사람이 있다. 이런 사람들은 맛이 좀 없더라도 바로바로 먹을 수 있는 음식점을 좋아하고, 사람이 많으면 딴 곳으로 발을 옮긴다. 기다렸다 먹는 음식점에는 이런 사람을 데리고 가보자. 우선 기다리는 동안에도 그 사람은 불평을 해댈 것이다. 기다리기까지 하면서 먹는 사람들 이해 못 하겠다며 빨리 나가자면서. 어쨌든 달래서 음식을 먹어보자. 그리고 다 먹고 난 후 그의 평을 들어보자.

그 사람이 맛있다고 하면 그 집은 맛있는 집이다. 또 그 사람이 맛이 없다고 하면 그 집은 맛이 없는 집이다. 왜냐하면 그 사람은 당신이 느껴야 하는 마음속의 모순, 즉 '30분이나 기다렸다' 와 '음식이 맛이 없다' 라는 것을 당신과는 전혀 다른 방식으로 처리 할 수 있기 때문이다. 당신은 음식이 맛이 없다라는 생각을 바꾸어야만 하지만, 그 사람은 "너 때문에 괜히 시간만 버렸다"라고 한마디하면 마음의 안정을 되찾을 수 있다. 굳이 이 집 음식이 맛있다고 생각해야만 할 이유는 전혀 없기 때문이다.

다이어트의 허와 실

지금 우리 사회는 살과의 전쟁을 치르고 있다고 해도 과언이 아니다. 다이어트를 위한 여성들의 노력은 거의 필사적이다. 다이어트 식품, 헬스 기구, 기능성 속옷 등 다이어트와 관련된 제품을 생산하는 업체들이 참여한 다이어트 박람회에는 4만 명 가까운 인파가 모인다. 개그우먼 이영자 씨 사건으로 사회적 화제가 되었던 지방 흡입술의 시술 건수도 한해 3만여 건이 이루어지고 있을 정도이다.

또 다이어트 약품이나 식품도 빈번하게 사용되어 그 부작용이 심심치 않게 보고되고 있다. 일본에서 사람의 생명을 앗아가기도 했던 중국산 다이어트 약품이 우리나라에도 수입되어 피해자가 나왔던 것은 아직도 기억에 새롭다. 아무튼 지금 우리 사회는

전에 없던 다이어트 열풍이 불고 있다고 말할 수밖에 없는 상황
이다.

광고 회사 제일기획이 여성들을 상대로 실시했던 조사에 따르
면 응답자의 73퍼센트가 자신이 평균보다 뚱뚱하다고 생각하고
있었다. 이것은 어처구니없는 결과이다. 평균을 기준으로 한다면
50퍼센트만이 자신이 뚱뚱하다고 생각하고 있어야 한다. 그럼에
도 자신이 뚱뚱하다고 생각하는 사람들이 73퍼센트에 달한다는
것은 여성들이 평균이라고 생각하는 사람이 사실은 우리 사회의
소수파에 속하는 사람이라는 것을 말해준다. 따라서 여성들이 평
균이라고 생각하는 여성은 상당히 날씬한 편에 속한다는 것이다.
한마디로 말해 날씬하다라는 것에 대한 이미지 자체가 상당히 왜
곡되어 있는 셈이다. 통계적으로 본다면 말라깽이인 사람이 날씬
한 사람 대접을 받고 있는 것이다.

우리 사회에 날씬함을 두고 이렇게 편향된 이미지가 범람하게
된 데에는 물론 매스컴, 특히 텔레비전의 책임이 가장 크다. 게다
가 사람들이 모델로 삼아 닮아보려고 애쓰는 사람들, 가령 다이어
트 상품 광고에 나오는 모델들은 적어도 기본적으로 몸매 면에서
는 좋은 소질을 타고난 사람이다. 거기에 피눈물 나는 노력이 더
해져서 지금의 모습이 있는 것이다.

통계적으로 보아 우리 사회에서 그런 몸매를 유지할 수 있는 사

람은 극소수일 뿐이다. 그뿐 아니라 그 사람들이 현재의 몸매를 유지할 수 있는 시간이란 것도 그 사람의 일생을 놓고 볼 때 아주 짧은 시간에 지나지 않는다. 극소수의 사람의, 그것도 그 사람의 일생에서 가장 좋을 때의 몸매를 닮아보고자 노력하는 것부터가 무모한 시도이다. 시작부터가 잘못된 것이다.

하지만 사람은 노력하는 존재이다. 자, 이제 피나는 노력 끝에 당신이 원하던 다이어트를 이루었다고 치자. 식이 요법을 썼든, 지방 흡입 수술을 받았든 간에 마침내 당신은 원하는 몸매를 이루고야 말았다고 하자. 당신이 다이어트에 성공한 것을 가장 기뻐할 사람은 누구일까? 물론 본인이 가장 기뻐할 것임은 두말할 나위도 없겠지만 당신 못지않게 쌍수를 들어 환영하는 곳이 있다. 바로 의류 업계이다.

자신의 신체에 대해 각자가 품고 있는 마음의 영상을 '바디 이미지(body image)'라고 부르고 이에 대한 만족, 불만족의 정도를 '바디 카덱시스(body cathexis)'라고 한다. 자신의 바디 카덱시스가 긍정적일수록 의복에 대한 만족도가 높고 또 의류비를 많이 지출한다. 의류 업계로서는 바디 카덱시스에 관심을 안 가질래야 안 가질 수가 없는 이유가 여기에 있다. 물론 의류 업계로서는 날씬한 여성이 많아질수록 흐뭇하다. 매출이 저절로 늘어날 테니까.

지금까지 바디 카덱시스를 주제로 다양한 연구와 조사가 실시되었다. 그 결과 여성들은 체중, 허벅지, 허리 둘레, 복부, 장딴지, 종아리 등 주로 하반신 부분에 대해 불만이 많다는 것이 알려져 있다. 사실 이 부위가 지방 흡입 시술이 가장 많이 이루어지고 있는 부분이기도 하다.

또 여대생들을 대상으로 한 일본의 한 설문 조사에서는 바디 카 덱시스는 '몸매' '용모' '건강' 세 가지로 이루어져 있다는 것이 밝혀졌다. 바디 카덱시스가 긍정적이기 위해서는 이 세 가지 모두에 대한 만족도가 높아야 한다. 하지만 시간이나 금전 면에서 여유가 없어 세 가지 모두를 높일 수 없는 사람은 한 가지에 대한 만족도라도 높이려고 한다. 몸매에 대한 만족도를 높이기 위해서는 다이어트를 하고, 용모를 위해서는 성형 수술을 받는다든지, 건강을 위해서는 운동을 한다든지 약을 먹는 식으로 말이다.

앞서 말한 제일기획의 조사에서 응답자의 72퍼센트가 "얼굴이 예쁜 여자보다 몸매가 좋은 여자가 더 부럽다"고 응답한 것은 우리 사회에서는 바디 카덱시스의 세 가지 가운데 몸매에 대한 선호도가 가장 높다는 것을 의미한다. 하지만 바디 카덱시스의 중요한 한 축인 건강은 포기하고 있다는 데에 문제가 있다.

경기도 적십자 혈액원에 따르면, 여고생 단체 헌혈 지원자 중 절반 가량이 헌혈에 앞서 실시한 검사에서 혈액 중 혈색소 수치가 낮아 부적격 판정을 받았다고 한다. 여고생의 절반 정도가 헌

혈을 할 수 없을 정도로 빈혈 상태인 것이다. 극심한 다이어트 때문이다.

바디 카텍시스의 세 성분 가운데 가장 중요한 것은 건강이다. 건강을 포기하고 다른 두 성분에 대한 만족도를 높여보아야 그것은 일시적일 뿐이다. 건강 없이는 몸매나 용모가 오래 유지될 수 없기 때문이다. 아무리 다이어트를 해서 바디 카텍시스를 높여보아야 무슨 소용인가. 병원에 환자복을 입고 누워 누구에게 보여주려고……

우리는 보고 싶은 것만 본다

스포츠 경기에서 판정을 둘러싼 시비야 늘상 따르기 마련이지만 솔트레이크 동계 올림픽 쇼트 트랙 경기의 경우는 별다른 데가 있었다. 김동성 선수가 1위로 골인을 한 상태에서 실격 판정을 받음으로써 손에 다 쥐었던 금메달을 날렸다는 상실감이 워낙 컸던 결과일 것이다. 한국 사람이라면 누구나 죽 쒀서 개 주고 말았다는 느낌에 사로잡혔을 것이다.

심판 판정 파문은 경기가 끝난 후 한층 심각해졌다. 올림픽 조직위원회를 비롯한 관련 사이트들이 네티즌들의 공격으로 다운되었고 웬만한 인터넷 게시판은 오노 선수를 성토하는 글로 도배되다시피 했다. 이런 와중에서 한국의 몇몇 사이트도 미국 해커의 공격을 받아 다운되는 등 판정 파문은 양국의 해킹 전쟁의 양상을 띠기도 했다. 판정에 대한 불만은 오노 선수와 심판만이 아니라 어느덧 미국과 미국인 전체로 확산되는 반미 감정으로 확산되었다.

더욱이 미국 NBC 〈투나잇쇼〉의 사회자 제이 레노가 "김동성 선수가 집에 가서 개를 발로 걷어찬 뒤 잡아먹었는지도 모른다"고 발언함으로써 반미 감정에 기름을 붓고 말았다.

한국에 진출해 있는 미국 기업의 제품을 사지 말자는 소리가 높아졌고 FX 사업에서 F-15를 선정해서는 안 된다는 목소리도 높았다. 판정 파문이 본격적인 반미 감정으로 나타나기 시작했던 것이다.

그리고 얼마 후, 우리는 언제 그런 일이 있었느냐는 듯이 까맣게 잊어버리고 말았다. 으레 그래온 것이긴 하지만 당시의 열기와 분위기를 생각하면 불가사의할 정도로 모든 것을 잊어버렸다.

여기서 몇 가지가 궁금해진다. 우선 오노 판정에 대한 미국 사람들의 반응이다. 매스컴을 통해 보도된 내용에 따르면 대개의 미국인들은 부당한 판정이라고 생각하지 않는 듯했다. 텔레비전에 나와 이야기를 하는 사람들을 보더라도 판정은 공정했다고 생각하는 듯했다. 심판 판정이 잘못되었다는 것을 알면서도 시치미를 떼고 있는 기색은 전혀 없었다.

그렇다면 왜 똑같은 경기를 보고 우리나라 사람들은 명백한 오심이라고 말하는데 미국 사람들은 그와는 정반대로 생각하는 것일까? 여기서 다른 예를 하나 더 살펴보자. 아직도 기억에 생생한 2002 한일 월드컵이다.

월드컵 내내 중국 언론은 반한(反韓)적인 보도로 일관한 모양이다. 한국이 4강에 오른 것은 부당한 심판 판정 때문이라고 단정 짓고 한국이란 나라는 아시아의 수치란 표현까지 서슴지 않았다고 한다. 이런 분위기이다 보니 중국에 있는 유학생들이 모욕적인 언사를 듣는 경우가 드물지 않았고, 중국 학생들과 유학생들 사이에 집단적인 충돌 일보 직전까지 가는 경우마저 있었던 듯하다.

이에 대한 우리나라 사람들의 반응을 보면 "중국인이란 어쩔 수 없다" "자기들은 월드컵에서 한 번도 이겨본 적이 없어서 샘이 나서 저런다" "중국 사람들의 본심을 확인할 수 있었던 것은 좋은 소득이다" "중국을 다시 봐야 한다"라는 식으로 감정 섞인 대응을 하되, 반응은 의외로 냉정한 편이었다. 이전 같으면 "죽일 놈, 살릴 놈" 하며 길길이 날뛰고, 중국 제품 불매 운동이라도 벌였겠지만, 이번에는 좀 달랐다. 4강에 들었다는 승리감에서인지 흥분의 정도도 약했고 중국의 반응을 애써 무시해버리려는 태도가 역력했다. 승리감이란 이처럼 중요한 모양이다.

우리에게 잘 알려지지는 않았지만 일본 사람, 특히 축구를 즐기는 일본 사람의 반응도 썩 좋지는 않았다. 일본의 메이저 언론은 대회 기간 내내 한국에 우호적인 보도로 일관했지만, 인터넷에서는 전혀 반대의 반응이 주류를 차지했다. 텔레비전과 라디오의 경우도 보도가 아닌 토크 프로그램에서는 노골적으로 한국 축구를 비아냥거린 일도 있었던 모양이다. 또한 우리나라에는 보도되지 않았지만 메이저급이 아닌 신문들과 주간지들 가운데에는 심판 판정을 따끔하게 꼬집은 것이 많았다.

스포츠 전문 사이트들은 심판 판정을 노골적으로 비난했고, 각 사이트의 게시판에서는 한국을 비아냥거리는 메시지들이 줄을 이었다. 일본의 대표적 사이트인 〈야후 재팬〉에는 한국에 관련된 게시판이 1백여 개가 개설되었고 거기에서 다루어지는 주제도 하나같이 자극적이었다. 토픽의 제목만 보더라도 '이게 뭐야? 어쩔 수 없는 나라 한국' '월드컵으로 한국이 싫어진 사람들' '심판 매수 국가, 한국' 이라는 식이었다. 이 중에는 투고된 메시지가 수가 1만 건을 넘는 토픽까지 있었을 정도로 참여 열기가 상당히 높았다.

우리의 경우 심판의 부당한 판정 때문에 한국이 4강에 올랐다고 생각하는 사람은 그다지 많지 않다. 대다수가 선수단이 부단히 노력한 결과로 한국 축구의 수준이 높아진 것이라고 생각한다.

그렇다면 왜 유독 한국과의 경기에서만 판정 시비가 나왔느냐고 물어보면, 유럽 축구가 수준 낮게 보았던 한국 축구에 진 것이

억울해서라고 자신 있게 대답한다. 유럽 사람들의 자존심이 여지 없이 뭉개졌기 때문에 판정을 걸고 넘어졌다고 단언하는 것이다. 개중에는 개최국에 약간의 유리한 판정이 있을 수 있는 것이 아니냐고 되레 반문하는 사람도 있기는 하다.

그래도 의문은 여전히 남는다.

그렇다면 왜 유럽을 제외한 다른 나라에서도 노골적으로 판정을 문제삼았을까? 또 공동 개최국인 일본은 왜 판정 시비에 휘말리지 않았을까? 그리고 왜 4강전 이후 심판은 서구인들이 맡아야만 했을까? 왜 똑같은 경기를 보고 한쪽은 오심이라고 하고 또 다른 한쪽은 정당한 판정이라고 하는 것일까? 서로 허깨비를 보고 있었던 것일까?

스포츠 경기의 승패는 심하면 전쟁에까지 이를 수 있는 간단치 않은 문제이다. 사회심리학에서는 이러한 점에 착목, 스포츠 경기의 제반 문제점에 관하여 상당한 연구가 이루어졌다. 그 결과 분명해진 것은 관중들이 게임을 정확하고 공정하게 보는 것이 아니라, 자기가 보고 싶은 것만을 보고 있다는 사실이었다. 그러면서도 자신들은 공정하게 보고 있다고 생각한다는 것이다.

이런 유의 주제를 명확히 하기 위해서 실시되었던 다양한 실험 가운데 하나를 살펴보자.

미식 축구 경기를 응원하는 두 대학의 학생들이 실험 대상이었다. 시합이 끝나고 양쪽 응원단에게 어느 편이 파울을 많이 했느냐고 물어보았다. 결과는 역시 양쪽 모두가 상대방이 더 많은 반칙을 했다고 생각하고 있었다.

그 다음 시합에서는 약간의 조작을 가했다. 한쪽 팀에 일부러 파울을 많이 하도록 지시해두었던 것이다. 제3자라면 누구나가 비신사적이라고 느낄 정도의 반칙을 많이 하는 식으로 경기가 진행되었다. 그리고 시합이 끝난 후 양측 응원단 모두에 앞서와 같은 질문을 했다. 하지만 이 경우도 역시 마찬가지였다. 모두가 상대방이 반칙을 많이 했다고 생각하고 있었던 것이다. 명백하게 파울을 많이 한 팀을 응원한 학생들조차도 상대방이 더 비신사적인 경기를 벌였다고 생각하고 있었던 것이다.

마지막 시합에서는 반칙을 많이 하는 팀을 바꾸었다. 지난번 실험에서 반칙을 많이 한 팀은 신사적인 플레이를 했고 상대 팀이 오히려 반칙을 많이 하도록 되어 있었다. 이 경우 역시 결과는 마찬가지였다. 양쪽 모두가 상대방이 더 반칙을 많이 했다고 생각하고 있었던 것이다.

사람이란 이런 것이다. 우리들에게는 대개 보고 싶은 것만 보고, 듣고 싶은 것만 들으려는 경향이 있다. 이른바 '선택적 지각'이라는 것이다. 우리는 우리의 감각 기관에 들어오는 정보를 있는 그대로가 아니라, 과거의 경험이나 자신의 생각이라는 필터를 통하여 처리한다. 이 과정에서 정보 자체가 왜곡되어버리는 것을 피할 수 없다. 이 결과 우리는 자기가 응원하는 선수들의 반칙에는 관대하고 상대방의 반칙에는 가혹한 평가를 내리게 된다.

또 여기에 기억의 자기 중심성이라는 것이 작용한다. 우리는 모든 것을 기억하는 것이 아니라 자기에게 좋은 것만 기억한다. 그 결과 자기 팀의 반칙은 쉽게 잊어버리고 상대방의 반칙은 강렬하게 기억한다. 이것이 다음의 경기를 볼 때, 정보 처리에 영향을 주는 것은 물론이다.

그런데 여기서 중요한 점은 상대방도 똑같은 식으로 정보 처리를 하고 있다는 점이다. 그들도 자기가 보고 싶은 것만을 보고, 기억하고 싶은 것만을 기억하고 있는 것이다.

이렇게 본다면 아무리 이상해 보이는 심판 판정이라도 믿어두는 것이 정신 건강에 좋다. 왜냐하면 우리에게 아무리 불리한 판정이라고 하더라도 상대방 사람들은 나와는 달리 그 판정을 당연하다고 여기고 있으며, 설사 이상한 판정이라고 생각하는 사람이라도 그것을 입에 담으려 하지는 않기 때문이다.

심판 판정에 불만을 품고 날밤을 새면서 인터넷 게시판에 도배를 하고, 술 마시면서 울분을 토로해보아야 아무 쓸모가 없다는 이야기이다. 그럴 시간이 있다면 잠이라도 푹 자두는 게 건강에 좋다.

나는 다른 사람과는 다르다

"나는 도덕적으로 승리했다. 나는 국민과 나라를 위해 행한 모든 일이 자랑스럽다. 내가 행한 모든 일은 성실한 것이었다. 나는 단지 조국을 방어할 수 있는 시민의 권리를 행사했을 뿐이다."

이 말을 한 사람은 과연 누구일까? 얼핏 보면 이라크 전쟁을 종료한 미국 대통령의 말인 듯싶다. 하지만 이것은 엉뚱하게도 밀로셰비치 전 유고 대통령이 옥중에서 발표한 성명이다.

밀로셰비치라면 유고를 10년 이상 철권 통치하면서 수십만의 희생자를 낸 이른바 인종 청소로 악명 높은 인물이다. 천인공노할 반인륜적 범죄를 저지른 전범이면서도 자신의 죄과를 반성하기는커녕 오히려 도덕적으로 승리했다고 떳떳하게 말하고 있다. 물론 이 성명서는 재판을 유리하게 진행시키기 위한 제스처라고도 볼 수 있다. 하지만 이 성명서 발표 이후 재판 과정에서 보여준 밀로셰비치의 일거수 일투족은 그가 정말로 이렇게 믿고 있다는 것을 분명히 해준다.

한마디로 그는 자기가 옳았다고 착각하고 있는 것이다. 우리가 보기에는 어처구니가 없지만 본인은 자기가 옳았다고 믿어 의심치 않으니 참 딱할 노릇일 뿐이다.

하지만 이런 종류의 착각은 밀로셰비치 정도는 아니더라도 사람이라면 누구나 빠지기 쉬운 착각이며, 이것을 사회심리학에서는 '자기 봉사적 성향(self-serving bias)' 이라고 부른다. 이 착각 때문에 모든 사람들은 자기 편한 대로 세상을 보고 만다.

사람들이 얼마나 자기 중심적으로 세상을 바라보고 있는가는 다음과 같은 실험을 보면 잘 알 수 있다.

미국의 사회심리학자 주커만(M. Zuckerman)이 실시한 다음과 같은 실험을 살펴보자. 실험 대상자는 3명으로 실험 과제는 사회적 이슈에 관해 토론을 벌여 최종적으로 3명의 의견이 일치하는 결론을 이끌어내는 것이다. 실험을 주재하는 실험자는 옆방에서 모니터를 통하여 이들이 토론하는 장면을 지켜보고 있었다. 주어진 시간이 끝나갈 즈음 토론 내용이 정리되어 세 사람 사이에는 의견의 일치를 본 결론이 도출되게 된다. 때를 맞추어 실험자가 방으로 들어오게 되면 실험은 일단 종료되고 실험자는 실험 대상자 세 사람 각각에게 몇 가지 질문을 한다.

　우선 토론의 최종 결론에 자신의 의견이 어느 정도 반영되어 있다고 생각하는가를 물었다. 결과는 역시 예상대로 세 사람 모두가 자신의 의견이 가장 많이 반영되었다고 대답했다. 세 사람 가운데 최종적으로 정리한 사람은 물론 나머지 둘도 역시 자신의 의견이 가장 많이 반영되었다고 대답했던 것이다. 정상적으로 생각해보면 토론 내용을 정리한 사람의 경우는 이런저런 이야기를 종합해서 정리를 했으니 다른 사람들보다 자기의 의견을 더 반영시켰을 가능성이 있다. 하지만 다른 두 사람의 경우는 그럴 가능성은 지극히 낮은 데도 불구하고 자신의 의견이 가장 많이 반영되었다고 생각하고 있었던 것이다.

　두번째 질문에서는 토론 때 누가 가장 참가자들의 주목을 받았다고 생각하는가를 물었다. 물론 이 질문에 대해서도 세 사람 모두 자기가 가장 주목받았다는 대답을 했다. 이것도 말이 안 되는 결과이지만 사람들은 대개 이런 식으로 생각하고 있다.

　이 실험은 사람이 얼마나 자기 중심적으로 세상을 바라보고 또 생각하고 있는가를 말해주고 있다. 이 글을 읽는 독자 역시 같은 상황이 되면 같은 대답을 할지 모른다. 적어도 자기는 그렇지 않을 것이라고 자신 있게 이야기할 수 있는 사람은 그다지 많지 않을 것이다.

이러한 자기 봉사적 성향은 우리의 일상 생활에서 상당한 문제를 불러온다. 요즈음 맞벌이 부부가 많아지다 보니 가사의 분담이 필수적이다. 하지만 부부 모두가 자기 중심적으로 서로를 보고 있어 문제가 발생한다. 남편은 남편 나름대로 자기가 많은 일을 하고 있다고 생각하지만 아내 쪽에서 본다면 전혀 그렇지 않다. 서로 자기가 더 많이 하고 있다고 생각할 때도 있어 부부 싸움으로 비화하는 경우도 있고 다음번 부부 싸움 때 사용할 무기로 비축되기도 한다.

회사에서도 다를 바 없다. 서로가 자기 편한 대로 생각하고 있다. 누구나 자기가 일을 가장 많이 하고 있다고 생각한다. 옆의 사람은 놀기만 하는 것 같다. 하지만 옆의 사람도 똑같은 생각을 하고 있다. 자기가 가장 열심히 일을 하고 있다고 말이다.

사람들은 이처럼 자기 중심적으로 세상을 바라보고 있을 뿐 아니라, 자신의 능력, 외모, 운에 대하여 과대 평가하는 경향이 있다. 남이 생각하는 정도 이상으로 자신을 높이 여기는 경향이 우리 누구에게나 있다는 말이다. 그러다 보니 임금에 불만이 많다. 다들 자기는 하는 일에 비하여 너무나 적게 받고 남들은 너무 많이 받는다고 생각하기 때문이다. 결국 자신의 연봉을 밝히는 것이 해고의 사유가 되는 회사마저 나오는 넌센스가 벌어지고 만다.

나 없으면 회사가 안 돌아가

어느 회사에나 자기 혼자서 회사 일 다 하는 양 떠벌리는 사람이 있다. 이런 사람들은 자기가 없으면 회사가 당장 망할 듯이 말하면서, 자기가 맡은 일이 가장 중요하다고 생각하고 다른 사람들이 하는 일은 시답잖게 여긴다. 하지만 실상을 보면 이런 사람일수록 직급도 그다지 높지 않을 뿐 아니라, 능력이나 인간적인 면에서 별 볼일 없는 경우가 많다.

임원도 아니고 더구나 사장도 아니면서 입만 떼면 자기 때문에 회사나 부서가 굴러간다는 타령이니 하루하루를 같이 지내야 하는 동료로서는 피곤하기 짝이 없는 일이다. 어떤 경우에는 너무 밉살스러워 자기 자랑을 하는 얼굴을 빤히 쳐다보아도 이런 사람일수록 전혀 괘념치 않는다. 착각이 너무나 지나친 나머지 정말로 자기가 회사 일을 다 하고 있다고 믿어 의심치 않고 있는 것이다. 속으로는 이 사람이 나를 존경스러운 눈으로 쳐다보고 있군 하고 생각하고 있을지도 모를 일이다. 이쯤 되면 이쪽이 포기하고 자화자찬을 들어줄 수밖에 도리가 없다.

이런 사람들이 잘하는 것은 회사 일만이 아니다. 하다 못해 고스톱을 쳐도 잃는 적은 거의 없고, 집을 사고 나면 집값은 폭등한단다. 우리나라와 같이 험한 주식시장에서도 이런 사람들은 깨져 본 적이 없다. 물론 정말이냐고 물어보면 "적은 돈으로 하니까"라는 단서를 달기는 하지만……

또한 주위에서 흔히 볼 수 있는 타입으로 하느님을 백으로 두고 있는 듯이 말하는 사람이 있다. 입만 열면 하느님 타령이다. 하느님이 도와주셔서 자기들은 정신적으로나 물질적으로나 너무나 행복하다는 식으로 말이다. 그런데 문제는 이런 사람들이 실제로 하는 짓을 보면 절대 하느님이 도와주지 않을 것 같은 행동만 한다는 점이다. 남이 눈살 찌푸리는 행동은 다 하고 다른 사람 깎아내리기 바쁜 사람들이 하느님 타령하는 것을 보는 것은 참 어처구니없는 노릇이지만, 본인들은 그렇다고 철석같이 믿고 있으니 할 말은 없다.

보통 이런 사람들을 사회심리학에서는 '통제의 착각'에 빠졌다고 한다. 자기와는 전혀 관련이 없는 것도 자기가 통제하고 있다고 믿어 의심치 않는 것을 '통제의 착각'이라고 한다. 운이나 우연에 의하여 결정되는 것조차도 자기가 통제하고 있다고 믿는 현상이다. 물론 사람이라면 누구나 정도의 차이는 있을망정 통제의 착각에 빠져 있는 것은 사실이다.

주사위를 던져서 하는 게임을 생각해보자. 게임의 중요한 순간이 되면 사람들은 누구나 염력을 집어넣고 던진다. 그렇게 하면 마치 원하는 숫자가 나올 수 있다는 듯이 말이다. 하지만 누구나 알듯이 원하는 숫자가 나오는 경우보다는 나오지 않는 경우가 더 많다. 원하는 숫자가 나올 확률은 6분의 1이지만 그렇지 않은 숫자들이 나올 확률은 6분의 5이니까 말이다.

윷놀이나 고스톱도 마찬가지이다. 중요한 순간이 되면 염력 혹은 기합을 넣든지 하면 자기들이 원하는 패를 나오게 할 수 있다는 듯이 행동한다. 하지만 결과는 마찬가지이다. 언제나 원하지 않는 패가 나올 확률이 높으니까 말이다.

이러한 게임은 사기를 치지 않는다면 운이나 우연에 좌우된다. 원하는 숫자나 패가 나오는 것은 우연에 의하여 좌우된다는 말이다. 게임을 끌어가는 전술상의 실력은 있을 수 있지만 원하는 숫자를 나오게 할 수 있는 능력은 누구에게도 없다. 그럼에도 우리는 누구나 주사위를 던지기 전이나 패를 펴기 전에는 염력으로 나오게 할 수 있다는 순간적인 착각에 빠진다. 그만큼 통제의 착각은 강렬한 것이다.

단지 게임만이 아니다. 전적으로 운에 의하여 좌우될 수밖에 없는 복권의 경우에도 통제의 착각은 위력을 발휘한다. 이런 점을 밝힌 것은 랭거(E. J. Langer)라는 심리학자이다.

랭거는 한 연구에서 사람들을 두 그룹으로 나누어 한 그룹에게는 복권 번호를 전부 알려주고, 다른 그룹에게는 사흘에 걸쳐 하루에 한 자리씩 알려주었다. 단번에 복권 번호를 안 사람보다 하루에 번호를 하나씩 알게 되는 사람은 아무래도 복권에 대해 많이 생각할 것이다. '내일 받을 번호는 무엇일까' 라는 식으로 생각하게 되니 복권에 대해 관심이 많이 생길 것은 분명했다.

복권 추첨 전날 실험 대상자를 만나 사정이 생겨서 그러니 복권을 바꿔주지 않겠느냐고 물었다. 그 결과 번호를 단번에 안 사람들의 경우 63.6퍼센트가 교환에 응했지만 번호를 하루에 한 자리씩 안 사람들의 경우는 불과 31.6퍼센트만이 응했을 뿐이다. 이것은 어처구니없는 결과이다. 복권이란 운에 의하여 당첨이 결정될 뿐 내가 관심을 많이 가졌느냐 적게 가졌느냐에 따라 당첨이 결정되는 것은 결코 아니기 때문이다. 그런데도 자기가 관심을 많이 가지면 당첨될 가능성이 높다고 생각하는 것, 이것이 바로 통제의 착각인 것이다.

이러한 관심뿐 아니라 자신이 직접 복권을 골랐는가 아닌가의 여부가 복권의 당첨 가능성 추정에 영향을 준다는 사실도 확인했다. 랭거는 사람들을 두 그룹으로 나누었다. 한 그룹의 사람들은 복권 번호를 스스로 선택했으며, 다른 그룹의 사람들은 미리 번호가 정해진 복권을 구입했다. 추첨 전날 이들을 찾아가 복권을 팔지 않겠느냐고 물었다. 그리고 팔겠다면 얼마에 팔겠느냐고 금액을 말해달라고 했다.

결과는 정해진 번호의 복권을 구입한 사람들은 평균 1.96달러에 팔겠다는 데에 비하여 자신이 번호를 고른 사람들은 8.16달러에 팔겠다는 반응을 보여주었다. 그 차이는 거의 5배에 달했다. 이 결과는 자신이 고른 복권이 당첨될 확률이 높을 것이라고 생각하고 있다는 것을 보여준다. 이것도 이상한 결과이다. 당첨될 확률은 똑같은데에도 불구하고 자신이 번호를 선택했다는 단 한 가지 이유만으로 자신의 복권이 당첨될 확률을 턱없이 높게 평가하고 있으니 말이다.

이처럼 사람들이란 자기가 관심을 많이 가졌다든지, 직접 선택한 것에 대해서는 다른 것과는 다르다고 생각한다. 한마디로 말해 자기가 고른 것은 예뻐 보이는 것이다.

이러한 통제의 착각이 지나치게 되면 자기와 전혀 관련이 없는 일도 자기가 다 통제하고 있다고 생각하게 된다. 그 결과 회사 일이나 자기가 속한 부서의 일을 제가 다 하고 있다고 생각하게 되고, 만일 자기가 사는 동네의 아파트 가격이 오르게 되면 그것도 다 자기 때문이라고 생각하게 된다.

참 어처구니없는 일이긴 하지만 주위를 둘러보면 이런 사람들이 의외로 많다. 사회가 착각 속에 돌아가다 보니 어쩔 수 없는 일이지만 통제의 착각에 빠지지 않은 사람이 보기에는 참 피곤한 일이다. 제정신 가진 사람들이 살아가기 힘든 사회가 된 것의 상당 부분은 통제의 착각에 빠진 사람들 덕이다.

2장

우리 주위에는 온통
우리 지갑을 노리는 것 투성이이다.
소비자의 입장에서 본다면 마케팅이란
우리의 지갑을 열게 만드는
기술에 다름 아니다.

만인이 당신의 지갑을 노린다

마음 속에도 지갑이 있다

사람이란 이상한 존재라서 술집에서는 100만 원대의 거금을 호기롭게 내는 사람이라도 1만 원짜리 책을 살 때에는 이리저리 뒤적이다 돈 아까운 생각이 들어 빈손으로 서점을 나오기도 한다. 고급 호텔 레스토랑에서 애인과 함께 몇 십만 원짜리 식사를 기꺼이 한 사람이 귀가길에는 돈 몇 천 원 아끼려고 줄지어 늘어서 있는 모범 택시는 거들떠보지도 않고 추위에 벌벌 떨며 일반 택시가 오기를 기다린다. 백화점 세일에서는 몇 십만 원짜리 의상을 구입하는 데에 인색치 않았던 주부가 시장에서 물건을 살 때는 단돈 몇백 원을 아끼려고 다리품을 파는 데 주저하지 않는다. 어디 이뿐이랴. 직장에서 동료들과의 점심값 계산할 때는 인색하기 짝이 없던 자린고비가 수천만 원을 주식시장에 들이밀고는 하루에 몇 백만 원씩 잃고도 태연히 하루를 지내기도 한다.

어찌 보면 모순 투성이인 사람들의 이러한 경제적 행동은 왜 일어나는 것일까? 이러한 행동이 일어나는 이면에는 어떠한 심리적인 메커니즘이 작용하고 있는 것일까?

일본의 사회심리학자 고지마(小嶋)는 이러한 현상을 '심리적 지갑'이라는 개념으로 설명하고 있다. 그에 따르면 일상 생활에서 우리들은 보통 하나의 지갑(물리적 지갑)을 지니고 있지만, 심리적인 면에서는 복수의 지갑(심리적 지갑)을 갖고 있다. 그 결과 구입하는 상품이나 서비스의 종류 그리고 그것들을 구입할 때의 상황이나 조건에 따라 서로 다른 지갑에서 지불하고 있다고 한다.

이들 지갑들은 서로 다른 가치 기준을 갖고 있기 때문에 같은 돈을 내는 경우라 하더라도 거기에서 얻어지는 만족감이나 상실감은 다를 수밖에 없다. 가치 기준이 높은 지갑에서 나가는 돈이라면 아까워하기는커녕 기꺼이 지불하지만 가치 기준이 낮은 지갑에서 나가야 하는 돈은 되도록 줄이려 애쓰고, 어쩔 수 없이 지불해야 하는 경우, 거기에서 비롯되는 상실감이 더욱 크다고 한다.

우리들은 과연 몇 개의 심리적인 지갑을 갖고 있는 것일까? 고지마는 소비자들에게 어떤 제품을 사야만 했을 때 심리적으로 어느 정도 아깝게 생각하는가를 질문하는 방법으로, 우리들이 지니고 있는 심리적인 지갑의 수를 밝히고자 시도했다. 조사 대상자들

의 응답을 인자 분석(factor analysis)이라는 통계적인 기법을 이용하여 분석한 결과 우리들의 마음속에는 적어도 9개의 지갑이 있다는 것이 확인되었다

각각의 지갑과 그 지갑이 사용되는 용도는 다음과 같다.

1) 포켓 머니용 지갑 : 두통약, 종합비타민제, 주간지, 츄잉검.

2) 생활 필수품용 지갑 : 냉장고, 가구, 세탁기, 텔레비전.

3) 재산용 지갑 : 토지 분양, 아파트, 자동차.

4) 문화·교양용 지갑 : 회화, 조각 등의 전시회, 음악회, 연극, CD.

5) 외식용 지갑 : 가족과의 외식, 애인과의 외식비.

6) 생활 수준 향상용 지갑 : 에어컨, 전자레인지.

7) 생활 보장 · 안심용 지갑 : 화재보험료, 생명보험료.

8) 호사품용 지갑 : 캠코더, 홈시어터.

9) 장식품용 지갑 : 펜단트, 브로치, 핸드백, 벨트, 여성 · 남성용 지갑.

이 아홉 개의 지갑은 서로 다른 가치 기준을 가지고 있다. 또한 가치 기준은 사람마다 다르다는 데에 특징이 있다. 문화 · 교양용 지갑의 가치 기준이 높은 사람은 책이나 CD를 사는 데 인색하지 않고 돈을 쓰고 나서도 별로 아까워하지 않는다. 아까워하기는커 녕 오히려 더 쓰지 못해서 안달이다. 마찬가지로 생활 보장 · 안심 용 지갑의 가치 기준이 높은 사람이라면 다른 심리적인 지갑들은 꽁꽁 잠가두고, 모든 돈을 생명보험료로 들이밀 것이다. 그리고 거기에서 상당한 만족감을 얻을 것임에 틀림이 없다.

심리적인 지갑의 가치 기준은 가치란 것이 으레 그렇듯이 중요 성에 따라 계층 구조를 이루고 있다. 다시 말하면 심리적 지갑은 중요도에 따라 그 순서가 매겨져 있다는 것이다. 가령 문화 · 교양 용 지갑의 가치 기준이 높고, 외식용 지갑의 가치 기준이 낮은 여 대생이라면 음악회를 가거나 CD를 사는 데에는 돈 쓰기를 주저 하지 않지만, 점심식사에 들이는 돈은 너무 아까운 생각이 들어 매일매일을 라면으로 해결할지도 모른다.

마찬가지로 재산용 지갑의 가치 기준이 외식용 지갑보다 높은 사람은 수입의 대부분을 주택 관련 예금이나 부금에 쏟아부을 것이 틀림없다. 이런 사람들의 자식이라면 고급 레스토랑에서 가서 외식을 한다는 것은 애시당초 포기하는 것이 정신 건강에 좋을 것이다.

또한 심리적인 지갑은 세대에 따라서도 상당한 차이를 보인다. 요즈음 휴일 저녁이면 텔레비전의 프로그램이 온통 10대를 대상으로 하는 연예 프로그램으로 메워지다시피 하는 것은 10대들이 유명 가수들의 콘서트에 자주 가고 CD도 많이 구입하기 때문이다. 한마디로 말해 그들의 문화·교양용 지갑의 가치 기준이 높기 때문이다.

이에 비하여 40대 이후의 사람들은 콘서트에 가지도 않고 CD도 잘 사지 않는다. 그러다 보니 텔레비전의 연예 프로그램에서 왕따 당해, 골든 타임에는 마음 놓고 볼 노래 프로그램 하나 없는 처지가 되고 말았다. 10대보다야 40대 이후가 구매력이 높은 것은 분명한데도 40대 이후가 CD를 사지 않는 것, 이것도 다 심리적인 지갑 때문이다. 10대의 문화·교양용 지갑의 가치 기준이 높은 데에 비하여 40대 이후의 그것은 다른 심리적 지갑의 가치 기준에 밀리기 때문이다. 10대는 세 끼를 라면으로 해결하고 등교를 걸어서 하는 한이 있더라도 자기가 열광하는 가수의 CD를 사는 데 주저하지 않겠지만, 40대 이후야 심리적 지갑들의 가치 기준이 비슷비슷하다 보니 다른 것을 희생하면서까지 문화·교양용 지갑만 두둑하게 할 수는 없는 것이다.

또한 성별에 따라서도 심리적인 지갑의 가치 기준은 커다란 차이를 보인다. 매일 몇 푼의 생활비를 아끼며 알뜰살뜰 살아가는 주부가 무심코 본 남편의 몇 십만 원짜리 술집 영수증에 기겁을 하는 것이 바로 서로 다른 심리적인 지갑을 가졌기 때문이다. 이런 이유로 남자끼리라면 그럴 수도 있으려니 하고 대수롭지 않게 여길 수 있는 것이 여성으로부터는 전혀 다른 반응을 나오게 하는 것이다.

CD도 사지 않고 콘서트에 가지도 않는 아저씨, 아주머니를 무슨 가치관이라도 다른 별종의 존재처럼 여기는 것은 다 착각의 소치일 뿐이다. 아저씨, 아주머니들은 살펴보아야 할 마음의 지갑이 너무나 많기 때문에 그럴 수밖에 없는 것이다.

술값으로 몇 십만 원을 태연히 쓴 남편을, 가정은 모르고 자기만 생각하는 철없는 사람으로 취급해 부부 싸움까지 할 필요는 더더욱 없다. 다 심리적인 지갑이 다른 데에서 비롯된 결과이기 때문이다. 지갑이란 심리적이든 물리적이든 애물단지인 데에는 변함이 없다.

정말 싸게 샀을까?

주부들이 검소하고 비교적 계획 구매가 체질화되어 있는 일본의 경우, 함께 배달되어오는 광고 전단지의 양이 신문을 구독하는 기준의 하나가 되어 있다고 한다. 그 정도로 광고 전단지의 영향력이 크다는 말이다.

《요미우리 신문》이 최대의 발행 부수를 자랑하고 있는 것은 함께 배달되는 전단 광고의 양이 다른 신문에 비하여 월등히 많기 때문이고, 기사의 질이 높기로 유명한 《니혼 게이자이 신문》의 구독 부수가 늘지 않는 것은 전단지의 양이 적기 때문이라는 말이 있을 정도로 일본에서는 전단지의 영향력이 크다.

사실 전단지의 광고 효과를 보더라도 생활 필수품 등에서는 텔레비전, 신문, 라디오, 잡지 등의 4대 매체 광고에 전혀 뒤지지 않는 효과가 있을 뿐 아니라, 불황기에 특히 위력을 발휘해 적은 돈으로 큰 효과를 거둔다.

요즈음 우리나라에서도 대형 할인점들이 우후죽순처럼 늘어나면서 가정으로 배달되는 조간 신문이 두툼해졌다. 신문 사이에 끼어 배달되는 광고 전단지의 양이 많아졌기 때문이다. 특히 대형 할인점들이 밀집된 지역에서는 전단지를 둘러싼 업체간의 경쟁이 거의 필사적이다. 자기들이 다른 업체보다 1원이라도 싸게 팔고 있다는 것을 알리기 위해서라면 첩보전을 방불케 하는 경쟁마저 마다하지 않는다. 직원을 서로 보내 매일매일 가격을 체크하는 것은 물론, 심한 경우는 인쇄업자들에게 청탁을 해 경쟁 업체들의 전단지를 미리 빼내기도 하는 모양이다.

배달된 전단지들을 살펴보면 하나같이 '알뜰 상품 초특가전' '가을 상품 초특가전' 등의 자극적인 문구와 함께 자신들이 얼마나 가격 파괴에 열심인지를 알리기에 여념이 없다. 주부들은 이러한 전단지들을 꼼꼼히 살펴보고 조금이라도 더 싸게 파는 할인점을 찾아 쇼핑을 한다.

전단지들을 보고 가격을 비교한 후 조금이라도 싼 곳을 찾아 쇼핑에 나서는 것은 상당히 합리적인 구매 행동이라고 여겨진다. 쇼핑에서 합리적인 행동이란 양질의 제품을 보다 싸게 구입하는 것이니까 말이다.

하지만 과연 그러할까? 이것도 우리가 합리적이라고 착각하고 있는 것은 아닐까?

결론을 내리기에 앞서 다음과 같은 실험을 살펴보자. 실험 대상자에게는 다음과 같은 질문이 주어졌다.

1) 125달러의 양복과 15달러짜리 계산기를 구입하려고 하는데, 점원으로부터 자동차로 20분 정도면 갈 수 있는 다른 지점에서 지금 15달러짜리 계산기를 10달러에 팔고 있다는 말을 듣는다. 당신이라면 그곳으로 가서 쇼핑을 하겠는가?

2) 125달러의 양복과 15달러짜리 계산기를 구입하려고 하는데, 점원으로부터 자동차로 20분 정도면 갈 수 있는 다른 지점에서 지금 125달러짜리 양복을 120달러에 팔고 있다는 말을 듣는다. 당신이라면 그곳으로 가서 쇼핑을 하겠는가?

이 두 가지 질문은 모두 계산기와 양복을 구입할 때 5달러의 차익을 건지기 위해서 20분간이라는 시간적인 비용을 투자하겠느냐를 물어보는 질문이다. 양쪽 모두 20분이란 시간을 투자하여 5달러의 돈을 건질 수 있다는 데에는 차이가 없다.

하지만 1)에 질문에 대해서는 68퍼센트의 사람들이 가겠다고 대답한 반면 2)의 질문에 대해서는 단지 29퍼센트의 사람들만이 가겠다는 의사를 표시했을 뿐이다. 왜 이러한 차이가 나타나게 되었을까? 절약할 수 있는 돈은 5달러로 똑같은데 말이다.

그 이유는 1)에서는 계산기의 정가인 15달러를 기준으로 생각했기 때문에 5달러의 할인이 대단히 크게 느껴졌지만, 2)에서는 125달러가 기준이 되어 5달러가 그다지 매력 있는 할인액이라고 여겨지지 않았기 때문이다.

이처럼 소비자의 할인액에 대한 지각은 객관적인 이익과는 반드시 일치하는 것이 아니라는 것을 이 실험은 말해주고 있다. 디스카운트에서는 객관적인 이익보다는 주관적인 이익이 더 중요하다는 말이다. 결국 할인액에 대한 주관적인 평가는 2)보다 1)이 컸던 것이다.

이러한 가격에 대한 우리들의 잘못된 지각을 이용하여 광고에서는 여러 가지 수법이 사용된다. 외국의 경우 광고 전단지와 매장에서는 가격이 높은 상품의 경우는 할인된 금액을 표시하고, 가격이 낮은 상품의 경우에는 할인율을 표시하는 기법이 흔히 사용된다. 100만원짜리 상품의 경우는 10퍼센트 할인보다는 10만 원 할인이라고 표시해 할인액이 많다는 것을 강조한다. 마찬가지로 1,000원짜리 세제의 경우에는 100원 할인이라고 표시하는 것보다는 10퍼센트 할인이라고 쓰는 것이 효과적이다. 이 수법들은 디스카운트에 대한 우리들의 착각을 교묘하게 이용하는 것들이다.

따라서 가격에 대한 이러한 잘못된 지각 때문에, 전단지의 가격을 비교하여 쇼핑을 하는 것이 반드시 합리적인 것은 아니라는 결론을 얻을 수 있다. 무슨 상품을 비교하느냐에 따라 우리들의 주관적인 평가가 달라지기 때문이다.

더욱이 전단지에는 손님을 매장으로 끌어들이기 위한 초특가 상품이 있기 마련이다. 하지만 할인 매장에는 이러한 초특가 상품 이외에 제값을 그대로 받고 있는 상품이 더 많기 마련이다. 초특가 상품에 이끌려 매장을 찾은 소비자라도 그 상품만을 사고 나서 집으로 향하지는 않는다. 간 김에 이것저것 사기 마련이고 그러다 보면 싼 것, 비싼 것이 섞여 뒤죽박죽이 되어버린다. 가격을 비교했다는 것이 아무런 의미가 없는 결과가 되고 만다.

합리적인 쇼핑이 되려면 가격을 비교하는 것만으로는 충분하지 않다. 가격을 꼼꼼히 비교하여 보다 싼 상품을 메모한 후 메모한 상품만 구매할 때, 그때가 비로소 합리적인 쇼핑이 이루어진 때라고 할 수 있겠다. 그 외의 경우는 모두 다 합리적인 구매 행동이라고 착각하고 있는 것뿐이다.

귀가 얇은 사람이 잘 속는 이유

사람이란 이상하게도 작정하고 덤벼드는 사람이 몇 시간을 설득해도 넘어가지 않지만, 우연히 들은 몇 마디 소리에는 너무나 쉽게 넘어가는 경우가 많다.

슈퍼마켓 계산대에서 차례를 기다리던 중 앞의 사람 둘이 "그 이야기 들었어? 새로 생긴 철판구이집 음식이 아주 괜찮다네……"라고 말하는 소리를 듣고 휴일에 가족과 함께 일부러 그 철판구이집을 찾아가본다든지, 병원에서 약이 나오기를 기다리다가 옆의 사람들이 "나 아는 사람이 암으로 다 죽어가다가 그 한약방에서 준 약 먹고 멀쩡해졌대"라는 소리에 솔깃한 나머지 그 한약방의 상호와 전화 번호를 알아내고 기어코 가보고야 만다든지 하는 식이다.

이뿐이 아니다. 버스나 지하철에서 낯모르는 사람들이 나누는 대화, 예를 들면 "모 국회의원의 여자 관계가 아주 복잡하대"라든지 "모 연예인이 누구누구랑 결혼한대"라는 식의 이야기를 듣곤 그럴싸하다 여겨 주위 사람에게 전달하곤 한다. 이런 유의 경험은 누구에게나 있을 것이고 또 주위에서 흔히 볼 수 있다.

이처럼 설득하려는 의도가 뻔히 보이는 말보다는 저절로 귀에 들어온 이야기에는 쉽게 넘어가는 경향이 우리에게는 있다.

보통 우리가 물건 하나 사려면 얼마나 재는가? 상점 점원의 말은 전적으로 신용하지 않고 요모조모를 따져가며 물건을 구입하는 우리가 아닌가? 그런데도 어떻게 누구인지 전혀 알지도 못하는 사람들이 나누는 대화에는 그토록 쉽사리 넘어가는 것일까? 특히 사람의 생명이 걸린 병원을 선택한다는, 잘못하면 생과 사가 왔다갔다할 수 있는 중요한 문제에서조차도 불과 몇 십 초 사이에 완전히 설득당하고 마는 것일까?

이러한 현상을 사회심리학에서는 '우연히 들은 효과(overheard effect)'라는 개념으로 다루는데, 이것의 설득 효과가 높다는 것은 누구나 인정하고 있다.

우연히 들은 말의 설득 효과가 높은 데에는 다음과 같은 세 가지 이유를 들 수 있다.

우선 우연히 귀에 들어왔기 때문에 얼굴을 맞댄 대면 상황보다는 대화의 내용에 대한 마음의 준비가 별로 되어 있지 않았다는 점이다. 보통 다른 사람과 대화를 나눌 때에는 여러 가지 생각을 하게 된다. 다루어지는 화제의 부정적인 면도 생각해보고 긍정적인 면도 생각해보는 식으로 말이다. 하지만 우연히 들은 이야기의 경우에는 아무런 마음의 준비가 되어 있지 않은 상황에 저절로 귀에 들어온 것이다. 다시 말하면 무방비 상태였기 때문에 그만큼 넘어가기 쉬웠다는 것이다.

사회심리학에서는 사람을 설득할 때는 갑자기 설득하라는 말이 있다. 갑자기 할수록 설득 효과가 높다는 말이다.

프티(R. E. Petty)와 카시오포(J. T. Cacioppo)라는 사회심리학자는 다음과 같은 실험을 통해 이러한 사실을 증명했다. 실험 대상자는 대학교 1, 2년생으로, 이들은 강의에서 학생들 모두가 기숙사에 들어가야만 한다라는 별로 탐탁치 않은 내용에 관해 들어야 했다. 대학생들은 두 그룹으로 나누어져 있어, 한 그룹의 학생들에게는 강의에서 미리 이러한 내용이 전해질 것이라는 것이 예고되었고, 다른 그룹은 아무것도 모르는 상태에서 강의를 들어야 했다.

이들은 강의를 들은 후, 강의의 내용에 대해서 어느 정도 동의하는가를 대답해야 했다. 결과를 보면 학생들 모두가 기숙사에 들어간다는 사실을 미리 알고 강의를 들었던 그룹이 아무것도 모른 상태로 강의를 들었던 그룹에 비하여 반대하는 정도가 훨씬 높았다. 미리 내용을 들었던 그룹의 학생들은 강의를 듣기 이전에 마음속으로 기숙사에 들어가야만 한다는 말에 대한 반론을 생각했기 때문이다. 사람이란 어떠한 이야기를 들으면 설사 겉으로는 고개를 끄덕이면서도 속으로 그것에 대한 반론을 생각하는 경향이 있다. 그러다 보니 시간을 두고 하는 설득보다는 갑작스런 설득이 효과가 높은 것이다.

두번째로는 들으려고 해서 듣게 된 것이 아니라 저절로 귀에 들어온 것이기 때문에 그 내용으로부터 받게 되는 충격이 크다는 점이다.

세번째로는 대화를 나누고 있는 사람들이 자신을 설득하려는 의도로 보이지는 않기 때문에 대화의 내용에 심리적인 반발이 일어나지 않는다는 점이다.

만일 같은 말이라도 우연히 듣게 된 것이 아니라, 상대방이 의도적으로 설득하는 것처럼 보이는 경우라면 사정은 판이해진다. 앞에서 이야기한 한약방의 경우를 살펴보자. 한약방과 관계 있는 사람으로부터 "이 한약방에서 처방한 약을 먹고 살아난 말기 암 환자가 한두 명이 아닙니다"라는 말을 들었다고 생각해보자. 우선 먼저 '장삿속에서 하는 말이겠지' 하는 마음이 들면서 당신의 머릿속에서는 여러 가지 가능성을 따져볼 것이 틀림없다. 같은 내용이라도 듣는 방식에 따라 반응은 이처럼 다른 것이다.

결국 이렇게 본다면 우연히 들은 말의 효과가 높은 것은 아무런 대비 없이 들었다는 단 한 가지 이유에서 비롯되는 착각 때문이다. 하지만 이 착각이 무서운 이유는 그것이 매우 심각한 결과를 빚을 수 있기 때문이다.

병원의 대기실에서 사람들이 솔깃할 수 있는 말을 나눔으로써 특정 한약방으로 손님을 유인하던 조직이 적발된 적이 있었다. 수술을 하면 살 수 있었던 사람들이 돌팔이 한의원 때문에 생명을 구할 수 있는 기회를 놓치는 등 금전 면에서나 인명 면에서나 그 피해는 심각했다. 증권 회사 객장에서도 옆의 사람들이 나누는 대화를 우연히 듣고 그 말에 넘어가 주식을 잘못 사서 마음 고생을 하는 사람이 한둘이 아니다.

사기꾼들이 지나가는 식으로 말을 던져 사람을 현혹시키는 것은 우연히 들은 말의 효과가 높다는 것을 경험적으로 알고 있기 때문이다. 사기꾼이란 심리학을 전공하지는 않았지만 사람의 심리를 경험적으로 잘 파악하고 있는 사람들이다. 사기꾼들이 아무것도 아닌 것처럼 나누는 말에 속아 패가망신할 가능성은 누구에게나 있는 것이다.

합리적인 선택의 빈틈

대개의 선택은 심사숙고 끝에 이루어진다. 선택이 일단 이루어지면 거기에는 나름대로의 이유가 있는 것이 보통이다. 그리고 누군가에게 그것을 선택한 이유를 말할 때, 그것은 상당히 그럴듯하거나 합리적인 외양을 갖춘다. 하지만 실제로 그러한 선택이 이루어지게 된 이유는 본인이 말하는 바와는 달리 전혀 다른 데에 있는 경우가 적지 않다. 스스로가 밝히는 것과는 전혀 다른 이유에서 그 선택이 이루어진 경우가 많다는 이야기이다.

가령 누군가에게 왜 그 후보자에게 투표를 했느냐고 물었다고 치자. 돌아온 대답은 "그 후보자의 비전이 마음에 들어서"라는 대답이었지만 실제로는 그와 동향이었기 때문에 투표를 했다는 식이 있을 수 있다. 이 경우야 대답한 본인은 자신이 그 후보자에게 투표하게 된 실제의 이유를 알고 있었을 터이지만, 심한 경우는 본인조차 선택을 한 이유를 모를 때도 있다.

상품을 구입할 때를 생각해보자. 사람들은 여러 가지 기준에서 상품을 선택한다. 구매가 반복되어 선택이 자동적으로 이루어지는 경우도 있고, 이것저것 눈앞에서 따져가며 선택이 이루어지는 경우도 있다. 그리고 일단 이루어진 선택에는 합리성으로 포장된 그럴듯한 이유가 붙기 마련이다. 가령 슈퍼마켓에서 세제를 산 사람을 붙잡고 그 제품을 고르게 된 이유를 물어보면 다양한 대답이 돌아올 것이다. "광고에서 보니 좋은 상품 같아서" "가격이 싸서" "전에 써보니 세정력이 좋아서"라는 식으로. 하지만 정말 본인들이 말한 이유 때문에 그 세제를 산 것일까? 본인들이 그렇게 생각하고 있을 뿐 실제로는 전혀 다른 이유에서 그 제품을 선택한 것은 아닐까?

다음과 같은 주부를 대상으로 한 실험을 살펴보자. 주부들이 쇼핑을 하러 가니 슈퍼마켓 앞에서는 스타킹을 무료로 배포하는 이벤트를 실시하고 있었다. 진열대에 놓여진 네 개의 바구니에서 마음에 드는 스타킹을 하나 골라 담당자에게 가져가 간단한 질문에 대답하면 공짜로 가질 수 있다는 이야기였다. 주부들이 스타킹 하나씩을 골라 담당자에게 가져간다. 담당자의 질문 내용은 왜 그 스타킹을 선택했느냐는 것이었다.

주부들은 스타킹의 탄력성, 신축성, 투명감 등을 이유로 들었다. 이것들은 평상시 주부들이 스타킹을 선택할 때 중요시하는 특성들이었다.

사실 네 개의 바구니에 든 스타킹은 동일한 제품이었다. 탄력성, 신축성, 투명감 등 모든 면에서 차이가 전혀 없었다. 단지 제품간의 유일한 차이는 스타킹의 향기가 달랐다는 점이다. 바구니마다 향기가 다른 스타킹이 들어 있었던 것이다. 하지만 질문에 응한 주부 가운데 스타킹의 향기를 선택의 이유로 든 사람은 아무도 없었다. 실험이 실시되었던 당시에 향기란 스타킹을 선택하는 기준으로는 생각되지도 않을 때였다. 그 누구도 향기 때문에 스타킹을 선택한다는 생각 자체가 머릿속에 없었던 것이다.

그렇다면 주부들은 무엇을 기준으로 스타킹을 골랐을까? 모두가 동일한 제품인데 말이다. 주부들이 스타킹을 선택하게 된 가장 큰 이유는 엉뚱하게도 바구니의 위치였다. 본인들이 의식하지 못했을 뿐 주부들의 선택에 가장 큰 영향을 미친 것은 바구니가 놓여진 위치였던 것이다. 즉 첫번째 바구니에서 스타킹을 고른 주부들은 12퍼센트에 지나지 않았고, 70퍼센트 이상이 세번째와 네번째 바구니에서 골랐다.

주부들은 대개 첫번째와 두번째 바구니에서는 건성으로 만져보며 진열대 앞을 지나쳐갔다. 그리고 세번째와 네번째 바구니 앞에서 본격적인 선택을 했던 것이다.

결과가 이러함에도 불구하고 바구니 위치 때문에 선택을 했다고 대답한 주부는 한 명도 없었다. 혹시 바구니가 놓여진 위치 때문에 선택한 것은 아니냐고 되물어보아도 단 한 명의 주부만이 그럴 수도 있다는 대답을 했을 뿐이다.

이 실험의 결과를 보면 자기 마음대로 이유를 붙였다고밖에는 생각할 수 없지만, 본인들은 자신들이 선택한 이유를 믿어 의심치 않고 있었다. 바구니의 위치라기보다는 스타킹의 탄력성 때문에 선택했다는 것이 합리적이기도 하고 또 본인 스스로도 납득할 수 있기 때문이다.

사람의 행동 원리란 이런 것이다. 자신들은 선택의 이유로 합리적인 것을 들지만, 실상은 전혀 딴판인 것이다. 이 실험을 주재했던 니즈벳(R. E. Nisbett)은 본인들 스스로는 엄선에 엄선을 거듭하고 있다고 생각하지만, 사실은 좋은 것을 고르지 못하고 있다는 결론을 내렸다. 결국 우리는 엄선하고 있다고 착각하고 있을 뿐 엉뚱한 것을 고르고 있다는 말이다.

이런 우리들의 착각을 이용한 것에 '슈퍼마켓 이론'이라는 것이 있다. 이론이라고 부르니 거창한 것 같지만 알고 나면 아무것도 아니고 다 우리가 알고 있는 것들이다. "슈퍼마켓에서는 사람의 눈높이에 있는 선반에 진열된 상품이 가장 잘 팔린다" "슈퍼마켓에서는 통로의 끝과 계산대 근처에 진열된 상품이 잘 팔린다"
라는 식의 것들이다. 소비자는 의식하지 못했지만 상품을 진열한
위치가 판매를 좌우한다는 것을 미리 간파했던 이론이다.

서점의 경우도 마찬가지이다. 책은 진열대가 아니라 책꽂이에
꽂히면 끝이라는 말을 한다. 더 이상 판매를 기대할 수 없다는 말
이다. 대개의 사람들이 진열대에서 책을 고르지 책꽂이에서 책을
꺼내가면서까지 구입하지는 않는다. 심한 사람은 지난 몇 년간 진
열대에 있지 않은 책을 산 적은 한 번도 없다는 사람도 있다.

서점에서 책을 산 사람들을 붙잡고 한번 물어보자. 왜 샀느냐
고. 나름대로 합리적인 이유를 댈 것임에 틀림이 없다. 그 중에서
책이 놓여진 위치 때문에 샀다고 대답할 사람은 과연 몇 명이나
있을까?

허세의 끝

자동차를 구입하려고 세일즈맨을 집으로 불렀다. 세일즈맨이 가져온 카탈로그를 비교해보고 그의 설명을 들어도 결정을 내리기가 여간 힘든 게 아니다. 괜찮다고 생각되는 차들은 너무 비싼 듯하고, 가격이 적당하다고 생각되는 것들은 마음에 차지 않는 구석이 있기 때문이다. 이리저리 재가며 어느 것으로 할까 골똘히 생각하고 있는데, 세일즈맨이 넌지시 한마디한다.

"이 차종이 좋다고는 생각합니다만, 가격이 너무 비싸서 힘드실 것 같군요." 이 말에 불끈한 당신의 입에서 불쑥 튀어나온 한마디. "그럼 그걸로 합시다."

결국 예정과는 달리 비싼 차를 사고 말았다.

이와 비슷한 케이스는 많다. 판매원의 말 한마디에 자존심을 상해 고가의 화장품을 떠안고 만다든지, 터무니없이 고가의 옷을 사고 나서 몇 달 동안 생활비가 없어 쪼들린다든지 하는 식으로 말이다.

왜 이런 일이 벌어졌을까? 당신의 입에서는 왜 그것으로 하겠다는 대답이 불쑥 튀어나오고 말았을까? 그 해답을 '교류 분석'에서 구해보자. 교류 분석이란 미국의 정신의학자 번(E. Berne)에 의하여 창안된, 정신분석을 토대로 하는 인간 관계의 분석법이다. 종래의 정신분석이 난해하고 치료에도 막대한 비용과 시간이 걸리는 데에 비하여, 교류 분석은 친숙한 용어, 주체적 학습, 집단 치료 등에 의하여 보다 간편하고 이해하기 쉬운 분석과 치료를 지향하고 있다.

교류 분석에 따르면 우리에게는 세 가지의 마음이 있다고 한다. 우선 P로 불리는 '부모의 마음'이 있다. 이것은 주로 자신의 부모로부터 습득된 태도와 행동을 포함하고 있다. 이 마음이 바깥으로 나타날 때에는 다른 사람에 대한 편견, 비판, 원조 행동 등의 형태를 띤다.

둘째로는 A라고 불리는 '어른의 마음'이 있다. 이것은 생물학적인 연령과는 관계가 없다. 이 마음은 현실을 객관적으로 보려고 애쓴다. 이것은 체계화되어 있고 적응력이 있으며 지적이다. 현실을 음미하고 확률을 평가하며 냉정하게 계산한다.

마지막은 C라는 '어린아이의 마음'이다. 여기에는 어린아이들이 자연스레 나타내는 모든 종류의 충동이 포함된다. 이것은 유아기로부터 계속되어온 오래된 습관적인 행동의 형태로 나타난다.

이 세 가지의 마음은 통합되어 있지만 경우에 따라서는 P, A, C 가운데 하나의 마음이 강하게 나타나는 수가 있다. 가령 곤란한 처지에 있는 사람을 보았을 때, '저 사람 도와주어야지' 하고 느끼는 것이 P, 어떻게 할까 망설이며 지켜보는 것이 A, 아무 생각 없이 '저 사람, 곤란하겠네' 하고 느끼고 마는 것이 C로서, 같은 사람의 마음이라고 하더라도 서로 반응 방식에는 이처럼 차이가 있다.

실무적인 인간 관계에서라면 어른의 마음으로 일을 진행해간다면 별 무리가 없을 것이다. 모처럼 초등학교 동창끼리 만났다면 어린아이의 마음이 강하게 나타날 것이다. 이 상황에서 어른으로서의 마음은 오히려 걸리적거릴 뿐이다. 이처럼 상황에 따라 나타나는 마음은 다르고 또 반응하는 형식도 물론 다르다.

살다 보면 둘 이상의 마음이 개입되는 상황과 마주치는 경우가 많은데, 이때가 골치 아프다.

앞에서 말한 자동차 구입의 경우를 보자. 영업 직원은 '이쪽이 좋다' '가격이 비싸다'라는 두 가지의 객관적 사실을 당신에게 전달하고 있다. 이 사실은 당신의 '어른의 마음'을 대상으로 하여 제시되었고 당신도 그 사실들을 인정해 납득하고 있다.

하지만 심리적인 수준에서 영업 직원은 '이 사람 꼴을 보아하니 허영심 있겠네. 싼 것을 권하면 자기가 가난한 사람 취급받았다고 발끈해 비싼 것을 사고 말겠지' 라고 당신의 '어린아이의 마음' 을 타깃으로 하고 있는 것이다. 당신은 여기에 너무나 쉽게 넘어갔다. '이 사람이 내가 돈이 없는 줄 알고 우습게 보고 있군. 너 사람 잘못 봤다. 내가 얼마나 돈이 있는지를 한번 보여주어야겠군' 이라는 치기 어린 '어린아이의 마음' 이 반응을 해버렸다. 결국 계약이 이루어지게 된 것이다.

여기에서 한 가지 재미있는 것은 당신의 속마음은 어린아이의 마음으로 가득 차 있을지는 모르지만 계약에 사인을 한다는 어른의 반응을 보임으로써 두 사람의 교류가 표면적으로는 유지되고 있다는 것이다. 이것이 인간 관계의 묘한 구석이다.

우리 사회는 허세를 즐기는 사회이다 보니 허영심에 가득 찬 소비가 판을 친다. 5백만 원짜리 양주를 선물하고 굴비에도 금박을 한다. 차를 산 지 몇 년 되지 않아 새 차로 바꾸고 새로 분양받은 아파트 내부도 모조리 바꾸어야 직성이 풀린다. 이 모두가 '어린아이의 마음' 이 자극받아 반응이 나타난 결과이다. 언제 어른의 마음에 의한 소비가 이 사회에 정착될는지……

3장

현대 소비 사회는 소비자가 중독되어주기를
암묵적으로 권유하는 사회이다.
대놓고 "제발 우리 제품에 중독되어주십시오"라고
노골적으로 말은 안 하지만……

소비 중독증 사회

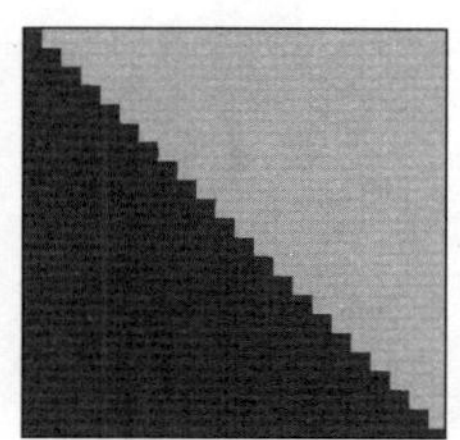

'한 번만 더' 좋아하다 망한다

재미 삼아서라도 노름을 해본 사람이라면 잘 알겠지만, 노름이란 어느 선에서 그만두어야지 계속하다 보면 가진 돈을 몽땅 털리기 십상이다. 특히 슬롯머신과 같이 기계를 상대로 하는 게임에서 언젠가 한 번은 터지겠지 하는 막연한 생각으로 계속하다 보면 결국 지갑이 텅 비고 마는 것을 모르는 사람은 없다. 하지만 겪어본 사람들이야 잘 알겠지만 돈을 잃고 있으면서, 그것도 돈이 아직 남은 상태에서 오늘은 이만 해야지 하고 중간에 일어선다는 일이 그리 간단한 일인가?

고스톱같이 사람끼리 하는 게임이라면 미리 언제까지 할 것인가를 정해둔다든지, 누구 한 사람이라도 다 잃으면 그만둔다든지 하는 식으로 미리 약속을 정해두면 끝을 내는 것은 그리 어렵지 않다. 물론 자기가 다 따지 않으면 성이 차지 않는 성격의 소유자가 하나라도 끼어 있다면 이야기는 전혀 달라지지만……

하지만 슬롯머신과 같이 기계를 상대로 하는 게임에서 자기를 통제하기란 쉽지 않다. 경마나 경륜같이 불특정 다수가 참가하는 게임의 경우도 다를 바 없다. 경마나 경륜에서는 한 번만 더, 한 번만 더 하다가 결국 돈을 다 잃고 몇 시간 걸려 집에까지 걸어가는 사람까지 있다고 한다.

도박에서는 여태까지 들인 돈이 아깝기도 하고 또 조금만 더 하면 딸 것 같다는 미련 때문에 쉽사리 그만두지를 못한다. "한 번만 더"를 거듭하다 종내에는 가진 돈을 모두 다 털리고 마는 것은 도박의 세계에서는 너무나도 흔한 현상이다.

인터넷 세상에서 벌어지는 '한 번만 더' 현상은 더욱 심각하다.

정부가 앞장서서 벌이는 도박판인 복권은 인터넷 세상으로까지 확대되어 자기가 번호를 정하는 로토부터 즉석복권에 이르기까지 그 종류도 다양하기만 하다. 현물이 필요 없는 인터넷 세계의 특성상 인터넷 복권은 더욱 심한 '한 번만 더' 현상을 유발한다.

가령 즉석복권의 경우, 구입한 복권을 다 긁고 나면 다시 사러 나가기가 귀찮아서라도 그만둔다. 여간한 경우가 아니고서는 일부러 바꾸러 나가지는 않는다는 말이다. 하지만 인터넷 복권의 경우는 사정이 전혀 다르다. 당첨된 복권의 당첨금은 자동적으로 입금이 되고 굳이 사러 나갈 필요가 없으니 돈이 허용하는 한 무한정 구입할 수 있다. 자동 긁기 기능이 있어 긁는 속도도 실물 복권보다 훨씬 빠르다. 또 말이 필요 없으니 구입하는 시간도 거의 들지 않는다. 이러다 보니 들어간 돈도 아깝고, 한 번 더 하면 나올지도 모른다는 생각이 들어 무한정 긁어대기가 쉽다. 이런 짓을 하다 하룻밤 사이에 수십만 원을 잃는 사람도 적지 않다고 한다.

중독성이 강한 온라인 게임의 경우도 사정은 만만치 않다. 네티즌들이 애호하는 몇몇 온라임 게임에서는 게임 기술보다는 오히려 칼이나 방패 등의 아이템이 게임의 모든 것을 좌지우지하는 경우가 많다. 가령 서로 칼싸움을 하는 게임이라면 아무리 기술이 좋더라도 더 좋은 칼을 든 사람에게는 절대 이길 수가 없다는 말이다. 돈이 모든 것을 말하는 현실이 게임 속에서도 그대로 전개되는 것이다.

이러한 아이템에는 최상급이란 것이 존재해 그것이 나올 확률은 1만분의 1 이하인 경우가 많다. 단순히 말하면 1만 번 정도 똑같은 짓을 반복해야 하나가 나올까 말까라는 이야기이다. 과도한 희소성 때문에 이러한 아이템들은 현금으로 거래되기도 하고, 최상급의 아이템을 하나라도 건져보자고 수많은 사람들이 밤을 새워가면서 똑같은 작업을 반복한다. 한 번만 더 하면 나올 듯한 마음에서 며칠 밤을 새우는 사람도 적지 않다. 며칠 밤을 새우다 사망한 사람까지 나왔을 정도이다. 특히 중고생들의 경우 이러한 게임에 중독된 나머지 학교를 자퇴하고 PC방에서 아르바이트를 하면서 게임을 즐기는 사례마저 있다고 한다. IT 강국이라는 허울 좋은 이름의 뒤안길에서 희생당하고 있는 아이들이다.

‘한 번만 더’ 현상이 개인에게만 일어나는 것은 아니다. 기업, 정부 등의 조직체에서도 ‘한 번만 더’ 현상은 어김없이 발생한다. 이것이 조직의 변혁을 가로막는 주요 원인이 되기도 한다.

기업 전략이 잘못되었다는 것이 명백해진 시점에서도 “한 번만 더” “한 번만 더” 하다가 결국 돌이킬 수 없는 손실을 입게 되는 경우가 드물지 않다. 기존 제품에 대한 소비자의 반응이 탐탁치 않아 판매가 부진한 상태에서, 그냥 두면 걷잡을 수 없는 결과가 초래될지도 모른다는 것을 뻔히 아는 상황에서, 한 번만 더 하면 좋아지겠지 하는 막연한 기대에서 기존 제품을 고집하다 파국을 초래하는 것이다. 잘못되었다는 것을 뻔히 알면서도 체면이나 명분을 살리자는 목적으로 적당히 핑계를 대가면서 잘못된 전략을 고집하다 결국은 공멸의 길로 접어드는 것이다.

정부는 한술 더 뜬다. 최근 몇 년간 누차 봐왔듯이 잘못된 정책임이 확실해진 상태에서도 여론의 비판을 수용해 고치기는커녕, 왜 정부 정책의 발목을 잡느냐며 오히려 오기를 부린다. 한 번만 더 하면 요번에는 좋아질 것이다라는 마음으로 그 정책을 고집함으로써 국민을 불행한 사태로 몰아가는 경우가 적지 않았다. IMF 직전 외환 위기는 시시각각 다가오고 있음에도 불구하고 펀더멘털만은 좋다고 고집하다가 대파국을 초래했던 것이 그 좋은 예이다.

발버둥치면 칠수록 빠져드는 '마음의 늪'

개인만이 아니라 조직에서도 흔히 볼 수 있는 한 번만 더 하는 현상을 사회심리학에서는 '심리적 속박' 혹은 '마음의 늪' 현상이라고 부른다. 발버둥치면 칠수록 깊이 빠져드는 늪이 우리 마음속에도 있다는 의미로 이러한 이름이 붙여지게 되었다. 자기가 지금까지 취해온 계획이나 행동이 잘못되었다는 것이 뻔하게 드러난 시점에서도 적당한 이유를 붙여 정당화시켜가며 같은 패턴의 행동을 계속해 나가는 현상을 말한다.

이러한 마음의 늪 현상은 어떠한 경우 발생하기 쉽고 또 강도도 셀까.

일본의 사회심리학자 카메다(龜田)의 실험을 살펴보자. 실험은 유치원 교사를 지망하는 여자 대학생들을 대상으로 이루어졌다. 여대생들은 유치원이 새로 구입할 놀이 기구를 선택해야만 했다.

놀이 기구를 선택하는 방법에 따라 다음과 같은 다섯 그룹으로 나누어졌다.

- 개인이 추첨으로 선택함.
- 개인이 자신의 생각으로 결정함.
- 3명으로 이루어진 그룹이 추첨으로 선택함.
- 집단이 토의를 거쳐 전원 일치로 선택함.
- 집단이 토의를 거쳐 다수결로 선택함.

놀이 기구를 구입한 대금은 12개월 할부로 지불되는데, 구입을 중간에 취소하면 그때까지 지불한 대금은 환불이 되지 않을 뿐 아니라 놀이 기구도 반환해야만 했다.

아이들이란 싫증을 잘 내는 법. 처음에 아무리 인기가 좋던 놀이 기구라도 시간이 지나면 아이들의 관심에서 사라지기 마련이다. 아이들의 인기를 잃어 거의 쓰이지 않게 되는 상황에서 대금 지불이 어느 정도 계속되는가를 봄으로써 '마음의 늪' 현상의 정도를 측정하는 것이 이 실험의 목적이었다. 다시 말하면 자신의 선택이 잘못되었다는 것을 뻔히 알면서도 할부금 지불을 어느 정도 계속하는지를 측정함으로써 '마음의 늪' 현상의 정도를 알아보려 한 것이다. 다시 말하면 놀이 기구가 아이들의 관심을 다시 끌기를 기대하면서 손해를 계속 감수하는지를 측정하고자 한 것이다.

결과를 보면 추첨보다는 자기의 의사로, 그리고 집단보다는 개인이 결정한 경우가 마음의 늪 현상의 정도가 심했다. 다시 말하면 결정에 대하여 자신이 짊어져야 할 책임이 클수록 심리적인 늪에 빠지기 쉽다는 것을 실험 결과는 시사하고 있다.

도박의 경우를 다시 한 번 살펴보자. 도박의 경우 자기가 스스로 원해서 한 것이 아니라 남이 시켜서 어쩔 수 없이 해야만 했다면, 얼마 잃지 않은 상태에서 그만두기 쉽고 또 대개는 그만둔다. "괜히 하라고 해서 돈만 잃었네"라며 시킨 사람을 원망하면서. 이처럼 자기가 스스로 선택한 것이 아니라 타의에 의해서 이루어진 일의 경우에는 마음의 늪 현상이 일어나기가 어렵다.

기업의 경우도 마찬가지이다. 실권을 가진 소수에 의한 결정의 경우가 마음의 늪 현상이 일어나기 쉽다는 말이다.

'마음의 늪' 현상에서 중요한 점은 몸으로는 '한 번만 더, 한 번만 더' 하고 있지만 본인이 의식하든 의식하지 못하든 머릿속으로는 무엇인가가 잘못되었다는 점을 알고 있다는 것이다. 하루 종일 돈만 먹던 슬롯머신이 마지막 몇 번에 잭팟을 터뜨려주는 대

역전극을 펼쳐줄 가능성은 거의 없다는 것을 본인도 잘 알고 있다. 그때까지 잘 안 팔리던 상품이 어느 날 갑자기 선풍을 일으키면서 팔려나갈 가능성은 애시당초 없다는 것도 경영자는 잘 안다. 이렇게 알면서도 한 번만 더, 한 번만 더를 고집한다는 데에 문제의 심각성이 있는 것이다.

사실 '한 번만 더' 현상은 조직보다는 개인에게 더 심각한 문제이다. '한 번만 더' 하는 마음의 늪 현상은 중독 증상에 바로 연결되기 때문이다. 현대 소비 사회는 소비자가 중독되어주기를 암묵적으로 권유하는 사회이다. 대놓고 "제발 우리 제품에 중독되어주십시오"라고 노골적으로 말은 못 하지만, 속으로 소비자들이 자기 제품에 중독되어주기를 바라는 기업들이 어디 한두 개이겠는가? 커피 회사 입장에서 커피 중독자만큼 귀중한 존재가 있을까? 온라인 게임 업체에게 밤을 새워가며 게임에 몰두해주는 마니아만큼 소중한 존재가 있을까?

일단 소비자가 중독만 되어준다면 부러울 것이 없다. 그 다음부터는 땅 짚고 헤엄치기이니까.

술, 담배, 경마, 경륜, 주식, 복권, 온라인 게임, 홈쇼핑, 성형 수술…… 이 모두가 중독자에 의하여 지탱되고 있다고 해도 지나친 말은 아니다. 이러한 것들에 일단 중독된 사람에게 하지 말라고 해보아야 아무 소용이 없다. 하지 말라고 하면 오히려 더 하겠다고 나선다. 장사하는 입장에선 이것보다 더 바람직한 현상이 없다. 중독자가 어느 수준으로만 늘어주면 영업 전략도, 마케팅도 사실상 필요 없다. 쓰지 말라고 말려도 쓸 수밖에 없는 소비자 투성이인데 걱정이 있을 리 없다.

이렇다 보니 경마나 담배 사업을 정부가 놓지 않으려고 했던 것이고, 지자체마다 카지노와 경마장을 건설하지 못해서 안달을 했던 것이다. 복권을 발행하고 싶어하는 단체가 많은 것도 다 이런 이유이다. 정부의 입장에서는 이러한 상품이나 서비스는 최고의 효자이다. 담배처럼 100퍼센트씩 세금을 올려도 올릴 때만 뭐라 할 뿐 결국은 잠자코들 쓰니까 말이다.

지금 우리 사회는 '한 번만 더' 하면 될 수 있다는 착각을 끊임없이 유발하는 사회이다. 다들 이러한 착각의 위험성을 알면서도 잠자코 있을 뿐이다. 그 결과 우리 사회를 이끌어갈 10대, 20대를 중독자로 몰아가고 있다.

유혹하는 홈쇼핑

요즈음 홈쇼핑 업계는 뜨겁기만 하다. 홈쇼핑 업계는 최근 몇 년 매년 100퍼센트 이상이라는 초고속 성장을 거듭하면서 선두 주자 LG홈쇼핑의 2001년 매출액이 1조 원을 넘어섰고, 2002년 상반기에는 롯데백화점 본점 매출액을 추월했다. 1995년 도입된 후 불과 6년 만에 오프라인 업계의 최강자를 추월한 것이다. 이런 추세라면 2010년 홈쇼핑 업계의 시장 규모는 18조 원에 이를 것이라는 추정까지 나오고 있을 정도로 홈쇼핑 업계의 전망도 밝다.

하지만 세상일이란 밝은 면이 있으면 어두운 구석도 있기 마련. 외국산 꽃게를 국내산 꽃게로 둔갑시킨 게장을 판매한 업자들이 구속되기도 하고, 홈쇼핑에 출연해 장뇌삼을 산삼인 것처럼 감정한 대학 한의학 교수가 벌금을 물기도 했다. 유사 홈쇼핑 업체들의 횡포 또한 만만치 않다.

하지만 이런 종류의 문제들은 일시적이며 의외로 소비자들에 심각한 영향을 주지 않을 수도 있다. 업계의 자정 노력과 행정 당국의 철저한 감독으로 뿌리를 뽑을 수 있기 때문이다.

하지만 홈쇼핑이 가져온 더 큰 문제는 주부들의 홈쇼핑 중독 현상이다. 모든 중독 현상이 그렇듯이 그 폐해는 심각하기 마련이다.

홈쇼핑 중독이 심한 사람은 한 달 홈쇼핑 금액이 1천만 원대에 달해 결국 카드 사용도 정지되고 생활 자체가 엉망이 되고 만다. 과도한 구매로 가정이 파탄난 사람도 있다. 이 정도는 아니더라도 텔레비전 홈쇼핑을 이용하는 소비자 10명 중 1명은 1주일에 2회 이상 구입하는 중독 현상을 보였고, 10명 중 2명 이상은 광고를 보다 충동 구매를 했다는 조사 결과도 있다.

홈쇼핑 광고 속에는 구매를 유혹하는 수많은 기법들이 사용된다. 광고를 시작한 지 불과 10여 분 만에 주문 전화가 많다는 자막이 깜빡인다. 또 매진 예감, 주문 폭주, 매진 임박 등의 자극적인 자막이 반복적으로 나타나면서 소비자들의 구매 욕구를 자극한다. 지금 사지 않으면 앞으로 더 이상 이 가격대에 살 기회가 없다는 것을 계속 암시한다. 또 경품으로 소비자를 유혹하는 경우는 얼마나 많은가? 진행자들의 멘트는 또 얼마나 과장되었는가? 홈쇼핑 채널을 보고 있으면서 홈쇼핑 중독에 안 걸리는 것이 오히려 이상할지도 모른다는 느낌이 들 정도로 프로그램은 소비자들을 유혹하기에 여념이 없다. 이런 식의 진행이 거듭되다 보면 쇼핑 중독에 걸릴 가능성은 누구에게나 있다는 이야기가 된다.

이러한 쇼핑 중독이 일어나는 심리적인 이유로는 심리적 반발(reactance)이라는 것이 있다. 심리적 반발이란 사람이 누군가에게 설득당할 때, 자신의 생각을 바꾸지 않고 오히려 반발하는 현상을 말한다. 사람은 자신의 자유가 제한되었다고 느끼면 자유를 회복하려는 동기가 생기기 마련이며, 이러한 동기가 발생한 상태를 심리적 반발이라고 부른다.

심리적인 반발이 일어나는 과정은 다음과 같다. 지금 누군가가 당신을 설득하고 있다고 생각해보자.

우선 지금 당신은 여러 가지 가운데에서 하나를 자유롭게 선택할 수 있다고 생각하고 있다. 그런데 누군가가 당신에게 특정한 것을 권유하도록 설득하고 있다. 이 단계에서 자신의 자유가 제한되었다고 스스로가 생각하게 되면 심리적 반발이 발생하게 된다. 강제나 강압이라든지 불합리한 이유를 들어 설득하고 있다고 느끼면 심리적 반발이 발생한다는 말이다.

자신의 자유가 제한되었다고 느끼게 되면 사람이란 다른 사람이 설득한 것 이외의 다른 것을 선택함으로써 자신의 자유를 회복하고 싶어한다. 그 결과 다른 사람이 설득한 것 이외의 것을 선택하게 되는 것이다.

심리적 반발의 예는 우리 주위에서 흔히 볼 수 있다. 가령 소변 금지라고 씌어진 곳에 소변을 보는 사람이 오히려 많다든지, 낙서 금지라고 씌어진 화장실에 오히려 낙서가 많은 것들도 다 심리적 반발 때문에 일어난 일이다.

이와 관련된 재미있는 실험이 한 가지 있다. 어느 지하철역 구내 화장실을 이용한 실험이다. 화장실 안에 낙서를 금지한다는 메모판을 걸어놓았다. 메모판의 문구는 "낙서 엄금!"이라는 강한 어조와 "낙서하지 말아주세요"라는 부드러운 어조의 두 가지가 준비되었고, 각각의 메모판에는 권위 있는 "지하철 역장"이나 권위가 별로 없는 "청소부 아줌마"의 서명이 명기되어 있었다. 문구와 서명을 조합해 총 네 가지의 메모판이 준비되었던 것이다

메모판은 두 시간 간격을 두고 회수되어 그 위에 적혀진 낙서의 양이 비교되었다. 그 결과 가장 낙서가 많았던 것은 지하철 역장이 서명한 "낙서 엄금!"이라는 메모판이었고, 가장 적었던 것은 청소부 아줌마가 서명한 "낙서하지 말아주세요"라는 메모판이었다.

결국 금지가 강하면 강할수록 그리고 그것이 권위가 있을수록 오히려 낙서를 하는 사람이 많았던 것이다. 강한 어조와 권위 있

는 서명이 자기의 자유를 제한한다고 느껴 심리적인 반발이 생겨
난 결과이다.

심리적 반발 이론을 홈쇼핑에 대입해보자. 요즈음 홈쇼핑이 흔
히 사용하는 수법들, 즉 "시간 안에 사지 않으면 앞으로 이 가격
에 살 수 없을지도 모른다"라든지 "빨리 사지 않으면 다른 사람들
이 다 사버려서 못 사게 될지도 모른다"라고 강조하는 수법들은
소비자의 자유를 제한하는 셈이 된다. 다시 말하면 시청자들은 우
물쭈물하고 있다가는 그 상품을 살 수 있는 자유를 잃어버리게 될
지 모른다고 생각하게 되는 것이다. 그 자유를 회복할 수 있는 유
일한 길은 그 상품을 사버리는 것이다. 결국 이런 심리적인 과정

을 통해 우리는 물건을 사게 된다. 홈쇼핑의 메시지들이 노리는 것도 바로 이것이다. 심리적인 반발을 발생시켜 충동 구매를 유발하는 것이다.

그러나 절대 착각하지는 말자. 요즘 같은 세상에서 당장 지금 사지 않는다고 앞으로 영원히 살 수 없는 경우는 절대 없다. 그리고 상품이란 시간이 가면 갈수록 가격이 떨어지는 것이지 역으로 오르는 경우는 거의 없다.

다음과 같은 소비자 보호원의 보고는 무엇을 의미하는 것일까.

"제주산 갈치 세트를 10분 동안 300개만 판다는 텔레비전 홈쇼핑 광고에서 팔면 팔수록 밑진다고 강조했다. 그러나 실제로 팔린 양은 13분 동안 1,777개로 광고보다 6배나 넘게 팔아치웠다."

4장

우리나라는 대박 공화국이다.
카지노, 복권, 경마, 경정, 경륜, 주식……
과연 우리들이 대박을 맞을
가능성은 있는 것일까?

대박 환상의 종말

벌 때는 적게, 잃을 때는 크게

대개의 사람들은 자신을 합리적이라 생각하고, 또 합리적으로 행동하고 있다고 생각하는 경향이 있다. 이러한 생각은 일상 생활에서 어느 정도 들어맞을지도 모른다. 하지만 투자와 같이 확률적인 사고가 필요한 상황에 마주치면 사람들은 이상할 정도로 비합리적으로 행동하는 경향이 있다.

확률적인 사상(事象)에서의 합리적인 판단이란 확률적인 기대치가 큰 것을 선택하는 것을 말한다. 하지만 실제로는 이와는 정반대의 선택이 이루어지는 경우가 많다는 말이다. 오히려 기대치가 낮은 것을 선택하는 것이다.

사람들의 이러한 행동에 주목한 카네만(D. Kahneman)과 트버스키(A. Tversky)의 연구를 살펴보자.

다음과 같은 선택지를 살펴보자. 어느 쪽의 경우도 1,000만 원을 투자하는 경우이다. 당신이라면 어느 쪽을 선택하겠는가?

1) 확실하게 800만 원을 번다.
2) 1,000만 원을 벌 가능성이 85퍼센트이지만, 전혀 벌지 못할 가능성도 15퍼센트 있다.

여러 조사를 통하여 사람들은 대개 1)번을 선택한다는 것이 알려져 있다. 1)번의 100퍼센트라는 확실성을 선택하고, 2)번의 15퍼센트라는 위험 부담을 꺼린 결과이다. 하지만 확률적 기대치를 따져보면 1)번은 800만 원, 2)번은 850만 원으로 오히려 2)번의 경우가 높다. 이처럼 이익을 얻는 상황에서 더 많은 이익을 얻을 가능성보다는 눈앞에 보이는 확실성을 선택하고 위험 부담을 꺼리는 현상을 '확실성 효과' 혹은 '리스크 기피 경향'이라고 부른다.

이번에는 앞의 경우와는 정반대의 선택지를 살펴보자. 손해 볼 가능성을 선택하는 경우이다. 두 선택지 모두 앞에서와 마찬가지로 1,000만 원을 투자했을 경우이다.

1) 확실하게 800만 원을 잃는다.

2) 1,000만 원을 잃을 가능성이 85퍼센트 있지만, 전혀 잃지 않을 가
  능성도 15퍼센트 있다.

이 경우 사람들은 대개 2)번을 선택한다. 1)번의 100퍼센트 잃을 수밖에 없다는 확실성을 기피하고, 2)번의 15퍼센트라는 잃지 않을 가능성을 높이 평가한 결과이다. 하지만 확률적 기대치를 따져보면 1)번의 경우는 마이너스 800만 원이고, 2)번의 경우는 마이너스 850만 원으로 2)번의 손실이 오히려 더 크다. 이와 같이 더 큰 손해를 입을 가능성이 있더라도 잃지 않을 가능성 15퍼센트에 집착하는 현상을 '갬블(gamble)적 인지 성향'이라고 부른다.

이처럼 사람들의 손해와 이익의 대한 생각은 일치하지 않는다. 이익을 볼 때는 확실한 것을 선택하고 위험 부담을 꺼리지만, 손해를 볼 경우는 이와는 반대로 확실한 것을 꺼리고 위험 부담이 있는 것을 선택하는 경향이 있다.

카네만과 트버스키는 사람들의 이러한 경향을 '프로스펙트(Prospect) 이론'으로 정리하면서 사람들의 이익에 대한 심리적인 이미지와 손해에 대한 심리적인 이미지는 대칭적이지 않다고 설명했다. 다시 말하면 이익에 대한 심리적 이미지와 손해에 대한 심리적 이미지가 대칭적이라면 그래프 상에서 직선이 되어야 하지

만, 실제로는 〈그림 1〉과 같은 곡선을 그린다는 것이 이들의 설명
이다.

사람들이 투자해서 돈 벌기 어려운 이유가 바로 여기에 있다.

모든 투자에는 벌 수 있는 가능성과 잃을 가능성이 공존한다.
또한 어느 시점에서의 투자 현실이라는 것도 현재 잃고 있느냐,
벌고 있느냐, 아니면 본전인가의 세 가지만이 존재할 수 있다.

투자가 성공해 벌고 있는 경우, 앞에서도 말했듯이 사람들은 확
실성을 선택한다. 다시 말하면 자기가 투자한 것이 부동산이든 주
식이든 채권이든 조금만 오르면 팔고 싶어 안달을 한다는 이야기

〈그림 1〉 이익-손실의 주관적 평가

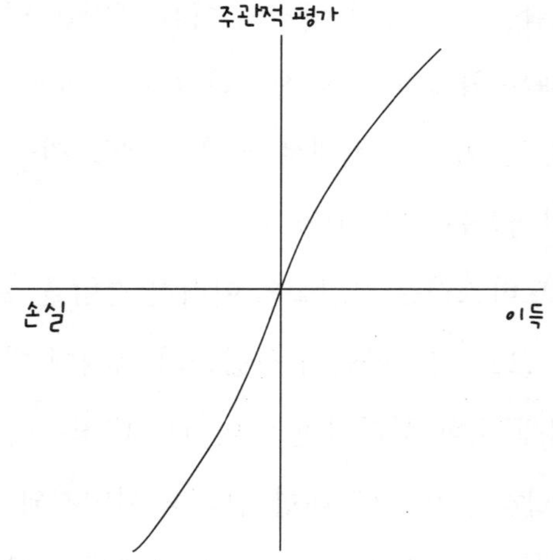

이다. 이익을 빨리 회수해 확실하게 해두고 싶기 때문이며, 떨어질지도 모른다는 가능성을 지나치게 높이 평가하고 두려워하기 때문이다.

잃고 있을 때는 정반대의 현상이 나타난다. 뻔히 손해를 보고 있는 상황에서도 투자한 것이 부동산이든 주식이든 제 가격으로 돌아올 실낱 같은 가능성을 과도하게 높이 평가함으로써 적절한 매도 타이밍을 놓치게 된다. 벌 때는 확실성을, 잃을 때는 가능성을 선택하는 합리적이지 못한 행동의 결과이다.

주식 투자의 예를 살펴보자. 자기가 산 주식은 오를 수도 있고 내릴 수도 있다. 대개의 개인 투자자들은 자기가 산 주식이 오르면 팔 때만을 생각한다. 주식이란 매일 오를 수는 없는 법. 주식의 상승세가 주춤해지면 개인들은 아 뜨거라 하고 팔기에 급하다.

반대로 주가가 떨어질 때를 살펴보자. 주가가 웬만큼 떨어지지 않고서는 전혀 팔 생각이 없다. 주가가 반토막이 되든 세 토막이 되든 전혀 개의치 않고 기다리기만 한다. 주식을 매도함으로써 손실이 확실하게 되는 것을 두려워하기 때문이다. 결국 몇 년이 걸리든 주가가 제자리에 돌아오기를 기다린다는 선택을 하고야 만다. 눈앞의 손해만이 아니라 주식을 팔아 은행에 넣어둠으로써 얻을 수도 있는 금리마저 포기하는 이중적인 손해를 선택하고 마는 것이다. 그 동안 겪어야 되는 마음 고생은 아예 따지지 말자. 결국 벌 때 적게 벌고 잃을 때 크게 잃는 결과가 되고 만다.

주식 투자에서 자기가 산 종목을 손해를 보고 파는 것을 손절매라고 한다. 주식에서 고수냐 아니냐를 가리는 것은 이 손절매를 얼마나 잘하느냐에 달려 있다고 한다. 대규모 자금을 운용하는 기관 투자가와 외국인 투자가의 경우는 스톱로스라고 하여 손절매를 하는 기준이 정해져 있을 정도이다. 손절매를 잘못하는 개인 투자자와 기관이나 외국인 투자가의 싸움, 그 결과는 미리 마음속에서 정해져 있는 것이다.

개인 투자자들이 투자에 실패하는 이유에는 여러 가지가 있겠지만 이와 같은 확률적인 사고가 필요한 상황에서의 비합리적인 판단도 큰 몫을 차지하고 있다.

개미도 돈을 벌 수 있다는 착각

재테크에 관한 책의 공통점이라면 우선 은행의 예금과 적금을 통하여 목돈, 즉 종자돈을 마련한 뒤에 본격적인 투자에 나서라고 하는 점이다. 그러면서 재테크의 한 수단으로 주식 투자를 권유한다.

하지만 주식을 조금이라도 아는 입장에서 본다면 이러한 권유는 무책임할 뿐 아니라 상당히 위험하다. 종자돈을 마련하는 단계란 적어도 은행이 망하지 않는 한 계획대로 달성할 수 있는 것이지만, 주식 투자의 경우 적어도 우리나라 시장 상황에서는 투기의 세계로 발을 담그는 것이기 때문이다.

종자돈을 마련한 뒤 주식 투자를 통해 은행 금리 이상의 수익을 올리는 것은 미국에서라면 충분히 맞는 이야기이다. 미국 주식시장은 단기적으로는 등락이 있지만 장기적으로는 저점을 꾸준히 높여가며 상승해왔기 때문이다. 하지만 우리나라의 주식시장은 10여 년 동안 종합지수 4백~1천선의 박스권을 형성한 채 오락가락만 할 뿐 장기 추세의 기울기는 수평에 가깝다. 이 말이 무슨 말이냐 하면 미국에서는 종자돈을 주식에 10년쯤 투자해두었다면 분명히 돈을 벌 수 있겠지만, 우리나라 시장에서는 운이 아주 좋아야 본전이라는 이야기이다. 미국과 우리나라의 주식시장은 전혀 다르다는 말이다.

우리나라의 주식시장에서 과연 개인들이 주식 투자로 돈을 벌 수 있는 가능성이 있을까? 주식을 좀 안다는 사람들에게 물어본다면 "전혀 아니올시다"라는 대답이 되돌아올 것이다. 경험적으로 본다면 우리나라 주식시장에서 개인, 그것도 전혀 준비되어 있지 않은 개인이 주식 투자로 돈을 벌 수 있다는 것은 착각에 지나지 않는다. 착각도 이만저만한 착각이 아니다.

아무 준비 없이 주식시장에 발을 내딛는 순간부터 괴로움이 기다리고 있다고 말해도 지금 상황에서는 지나친 말이 아니다. 물론 처음에는 벌 수도 있다. 하지만 그것이 시장이 던지는 미끼였다는 것을 깨닫게 되는 데에는 그리 오랜 시간이 걸리지 않는다.

주식시장에서는 개인 투자자를 보통 개미라고 부른다. 개인 투자자는 개미처럼 그 수가 많기도 하고 개미처럼 약하다는 의미에서 이렇게 불린다. 또 밟혀도 밟혀도 다시 살아난다고 해서 개미라고 불린다고 말하는 사람들도 있다. 개미, 특히 준비되지 않은 개미가 주식시장에서 살아남을 확률은 제로에 가깝다고 단언할 수 있다. 그 이유를 한마디로 말하면 개미들은 착각 속에 주식시장에 들어왔다가, 착각 속에서 투자를 하며, 착각을 버리지 못하고 주식시장을 떠나기 때문이다.

주식시장에서의 개미들의 전형적인 일생을 살펴보자.

우선 진입기.

대개의 개미들이 주식시장에 첫발을 내딛게 될 때는 이미 주식시장이 과열될 대로 과열된 상태이기 마련이다. 매스컴에 대박의 사례가 소개되고 주식 투자로 돈을 벌었다는 사람들이 신문지면을 장식할 때이다. 주위에서도 주식 투자로 돈을 벌었다는 사람들이 하나둘 나오고, 이쯤 되면 주식 투자에 관심을 갖지 않았던 사람들까지도 남들은 다 벌고 있다는데 나는 뭐하고 있는 것인가라는 초조한 생각에 빠지게 되고, 결국 적금을 깨든 융자를 받든 어떤 식으로라도 돈을 마련해서 주식시장으로 들어오고 만다. 이 단계에서 주식시장에 들어오는 개미들은 이미 '소수의 법칙'이라는 착각에 빠져 있는 상태이다.

소수의 법칙이란 아주 적은 예로 전체를 단정지으려는 우리들의 심리적인 경향이다. 가령 지역 감정이 없던 사람이라도 어느 지역 출신에게 사기를 당하고 나면 그 지역 출신 모두를 못된 사람이라고 단정해버린다. 단 한 명 때문에 수백만 명을 나쁜 사람이라 단정짓는 지역 감정의 화신이 되어버리고 만다. 사람 중에는 나쁜 사람도 있지만 좋은 사람은 더 많다는 평소의 생각은 씻은 듯이 없어지고 만 결과이다. 이것을 '소수의 법칙'이라고 한다. 똑같은 식으로 개미들은 대세 상승기에 돈을 번 몇 사례를 두고 모든 사람이 돈을 벌고 있다고 착각하고 만다.

일단 소수의 법칙에 사로잡히게 되면 강렬하게 기억된 몇 가지 예가 모든 판단과 행동을 좌지우지하게 된다. 다시 말하면 수십억을 벌었다는 사람의 기사를 보고 주식시장에 들어온 사람은 대박 타령만 할 수밖에 없다는 이야기이다.

이상한 일이지만 처음 주식시장에 들어온 개미는 돈을 딴다. 고스톱을 처음 배운 사람들이 돈을 따듯이. 그러다가 월급 정도의 돈을 한 번에 벌게 되면 개미들의 금전 감각에 이상이 오기 시작한다. 금전 감각에만 이상이 오면 좋은데, 그것만으로 끝나는 게 아닌 것이 문제가 된다. 모든 사고 방식에 이상이 오기 시작하고 만다. 돈을 더 집어넣으면 더 벌 수 있다는 생각이 들고, 시간만 많다면 이 세상 돈이 다 자기 것이 될 것 같은 생각마저 들고 마는 것이다. 이러다 보면 투자 금액이 늘어가기 마련이다. 그리고 그 돈은 대개 빚이기 쉽다. 이 무렵이면 주식시장은 정점을 찍고, 즉 상투를 찍고 대세 하락기로 접어들고 만다.

　사실 주식 활황기에서는 종목만 잘 찍으면 누구나 돈을 벌 수 있다는 것을 개미들은 모르고 있다. 시장을 활황기로 이끌었던 세력들은 자기들이 사놓은 주식을 받아줄 개미들을 기다리고 있는 것이다. 사놓은 물량이 워낙 많다 보니 더 많은 개미들이 더 많은 금액을 투자해야만 물량을 좋은 값에 처분할 수 있는 것이다. 따라서 물량을 처분해가면서도 주가를 올림으로써 개미들에게 미끼를 던지고 있는 것이다. 빨리 은행에 가서 융자 받고, 카드 현금 서비스 받아서 투자 금액을 더 늘리라고…… 불쌍한 개미들은 이것도 모르고 좋다고 미끼를 덥석 물고 만다. 그 결과는 생각하기도 싫을 정도이다.

　다음 장에서는 개미들의 성숙기에 대해 알아보자.

착각에서 깨어나면 돈 벌 수 있다

주식시장이 정점을 찍고 대세 하락기로 접어들었다고 해서 주가가 매일같이 무한정 내리기만 하는 것은 아니다. 며칠 내리다 며칠 오르는 식을 거듭하면서 내려가는 것이 보통이다.

물론 고점은 계속 낮아진다. 이때 며칠 오르는 것에 속아 대세 상승이 다시 시작되는 것이 아닌가라는 희망적인 예측 때문에 개미들은 주식시장을 떠나지 못한다. 앞서 프로스펙트 이론에서 말했듯이 확실성이 아니라 가능성에 목을 매고 있는 형국이다. 손해를 기정 사실화시키는 것이 두렵기 때문에 기다리는 것을 택한 결과이다.

더욱이 증권가에 기생하는 애널리스트들이나 언론은 이러한 개미들의 희망적인 관측을 부풀리기에 여념이 없다. 차트로 보면 대세 하락이 뻔한 상황에서도 이제는 바닥을 찍고 종합지수가 1,000을 가니 마니 하면서 개미들을 유혹하기를 서슴지 않는다. 수수료가 주된 수입인 증권사 또한 마찬가지이다. 하락기라고 해서 거래를 하지 않을 수가 없기 때문이다. 거래를 안 하면 문 닫아야 하니까 말이다. 증권사는 증권사대로 거래를 유발시키기에 여념이 없다. 희망 섞인 시장 전망을 할 수밖에 없다는 말이다. 분위기가 이렇다 보니 개미들은 손해가 가시화되는 확실성보다는 주가가 제자리에 돌아올지도 모른다는 실낱 같은 가능성을 택하고 만다.

이 무렵이면 개미들이 보유한 종목은 손실이 너무 커 이러지도 저러지도 못하는 상황이기 마련이다. 주가가 더 내려갈 것이 뻔한 상황에서도 자기가 산 종목만은 어떻게 해서라도 제자리를 찾아갈 것 같아 팔지를 못한다. 팔지 못할 뿐 아니라 오히려 대출을 받든지 카드론을 뽑아서 그 주식을 더 산다. 주식 수를 늘림으로써 매입 단가를 낮추기 위해서이다. 이른바 물타기이다.

개미들이 주식시장을 떠나도 시원치 않은 상황에서 오히려 주식 수를 늘려가는 것은 '통제의 착각'에 사로잡혀 있기 때문이다. 통제의 착각이란 앞에서도 말했듯이 운이나 우연에 의하여 결정되는 상황까지도 자기의 뜻대로 통제할 수 있다는 착각이다. 설령 계속 주가가 떨어지고는 있지만 자기가 산 종목만은 언제인가 제자리로 돌아갈 것이라고 믿는 것이다. 어찌 보면 착각을 하면서까지 자기가 산 종목만은 오를 것이라고 믿고 싶은 것이다. 결국 이 착각 때문에 주식을 던져야 할 시기를 놓치고, 끝내는 다음을 기약하면서 주식시장을 떠나고 만다. 그리고 이들이 주식시장을 떠난 후 주식 시장은 대세 상승기로 접어들기 마련이다. 이것이 주식시장에서 일반적인 개미의 일생이다. 아무 준비 없이 주식시장에 들어온 개미들은 이와 대동소이한 길을 밟아가기 십상이다.

쓰다 보니 너무 비관적으로 흘렀지만 길은 전혀 없는 것일까? 다시 말하면 개미가 주식 투자로 돈을 벌 수 있는 길은 전혀 없는 것일까? 터무니없을 정도의 돈을 버는 것은 결국 운에 달려 있겠지만 은행 금리보다 조금 높은 정도의 이윤을 얻는 방법이 전혀

없는 것은 아니다.

주식 투자는 남들과 반대로만 하면 성공한다고 한다. 그렇다면 우선 주식시장에 들어오는 것부터 남들과 달라야 한다.

주식 투자로 돈을 버는 첫번째 방법은 주식 투자로 모든 사람들이 다 죽는다고 할 때 들어오는 것이다. 증권 회사 객장이 썰렁해지고 자주 보던 증권 회사 직원들이 새로운 얼굴들로 바뀔 때면 슬슬 주식 투자를 시작할 때가 된 것이라고 보아도 좋다. 그리고 주식 투자로 망한 사람들의 이야기가 매스컴을 장식하고 정부가 일 잘하고 있는 개미들을 주식시장으로 유인하는 증시 부양책을 논의하기 시작하면 조금씩 사 나간다.

그리고 매스컴에서 대세 상승이니 활황기니 하면서 주식으로 돈 번 사람들의 이야기를 할 때쯤이면 짐 쌀 준비를 한다. 그리고 대세 하락기에는 누가 무슨 말을 해도 절대 주식 투자를 하지 않는다. 대세 하락기에는 우선 돈을 벌 확률 자체가 낮을 뿐 아니라, 주가가 올랐다 내렸다 하는 데서 비롯되는 스트레스로 정신 건강을 해치기 쉽기 때문이다. 이것 하나만 철저하게 지켜도 절대 주식 투자로 돈을 잃지는 않는다. 하지만 이것을 지킨다는 것이 말처럼 쉽지는 않다.

둘째, 주식 투자에는 비법이 있다는 착각을 버리자. 요즘 인터넷 사이트나 일부 증권 관련 서적에서 비법이 있는 것처럼 말하는 경우가 많지만, 일단 모든 것을 무시해버려야 한다. 설사 비법이 있더라도 그것이 일단 공개되어버리면 더 이상 비법이 아니다. 큰돈을 움직이는 세력, 다시 말하면 주가를 통제할 수 있는 세력이 그 비법을 역으로 이용할 수 있기 때문이다.

셋째, 길은 기본에 있다는 것을 마음속에 새겨두어야 한다. 주식 입문서를 보면 공통적으로 나오는 이야기들이 있다. 여윳돈으로 투자하라. 빚으로 투자하지 마라 등등……

다 맞는 이야기이고 그 말들만 실천하면 주식으로 고통을 받는 일은 절대 없다. 하지만 운이 좋아 어쩌다 몇 번 벌게 되면 그 말들을 모두 잊고 자기가 무엇이나 된 듯이 행동할 때, 그때가 불행의 시작이다.

넷째, 주식으로 떼돈을 벌 수 있다는 착각을 버려야 한다. 주식으로 떼돈을 버는 경우, 그때는 실력 이상의 무엇이 작용한 경우이다. 주식시장에서도 운이 차지하는 비중이 상당히 높다는 말이다. 자기의 재운이 대단하지 않다고 여긴다면, 목표치를 낮추어 금리보다는 약간 높은 수익을 벌겠다는 생각으로 주식 투자를 시작해야지, 1천만 원으로 10억 원을 만들겠다는 황당한 생각으로 주식시장에 들어오면 백전백패할 것임은 불을 보듯 뻔하다.

마지막으로 주식 투자를 하는 기간을 되도록 짧게 해야 한다. 주식시장에 오래 발 담가 살아남을 수 있는 장사는 없다. 만일 1

년 내내 주식 투자를 하고 있다면 쪽박 찰 가능성은 100퍼센트라
고 보아도 무리는 없다.

옵션 대박의 환상

지금 우리 사회는 대박 심리와 한탕주의에 멍들고 있다. 굳이 정선의 카지노를 들 것까지도 없다. 거리는 복권방으로 넘쳐나고 경마장에는 10만 명 이상의 인파가 몰려든다. 경마, 경륜에 이어 경정까지 등장, 주 5일 근무제에 앞서 이미 주 5일 도박제가 우리 사회에 완전히 정착된 느낌이다. 도박 애호가를 위한 국민체육공단의 따뜻한 배려로 경정이 화요일과 수요일에 열리게 된 결과이다.

일주일 사이에 아파트 값이 5천이 올랐느니 1억이 올랐느니 하는 사회 분위기에서 한탕주의가 만연하는 것은 어쩔 수 없는 현상일지는 모르지만, 해도해도 너무한다는 느낌을 지우지 못하는 사람들도 많을 것이다.

이러한 사회 분위기에서 그 위험하다는 옵션 시장이 개미들로 넘쳐나는 것은 당연한 일인지도 모른다. 주식시장에는 현물 시장 이외에 선물·옵션 시장이 있다. 선물·옵션을 자세히 이야기하자면 한도 끝도 없으니, 대략적으로만 이야기해보자. 선물·옵션이란 앞으로 주가가 오를까, 내릴까를 맞히는 게임이라고 보면 된다. 특히 옵션 시장이란 위험하기도 하지만 그만큼 대박이 터질 가능성이 있다는 데에 특징이 있다.

사실 옵션 시장은 기관이나 외국인, 그리고 일부 큰손들만의 전유물로 여겨져왔다. 그러던 것이 지금은 평범한 개미들로 넘쳐난다. 잔고는 깡통 수준을 간신히 넘겨 현물로는 원금 회복이 너무나 요원하고 그렇다고 선물을 하자니 턱없이 돈이 모자란 사람들이 너도 나도 옵션에 목을 매기 때문이다(선물을 하자면 몇 천만 원대의 돈이 필요하지만 옵션은 몇 백만 원대로 충분하다). 기본적인 옵션 용어조차도 이해 못 하는 사람들까지 큰돈을 만져보겠다고 겁없이 달려드는 것이 요즈음의 옵션 시장이다. 이러다 보니 우리나라 옵션 시장은 거래량을 기준으로 할 때 세계 최대의 규모를 자랑하고 있다.

하지만 옵션이란 결코 만만치 않은 것. 선물·현물 시장에서 산전수전을 다 겪은 투자자들도 한방에 나가떨어지는 것이 바로 옵션이다. 기본적인 지식도 없는 초보 투자자들의 결말이 어떠할지는 너무나도 뻔한 일이다. 한 사설 기관이 조사한 바에 따르면 개미들은 500만 원으로 옵션 계좌를 개설한 후 평균 15일이면 깡통 계좌가 된다고 한다. 보름짜리 목숨인 셈이다.

옵션 시장에서 이런 무모한 도박판이 벌어지고 있는 주된 이유는 투자자들이 소수의 법칙에 사로잡혀 냉정한 판단을 내리지 못하고 있기 때문이다.

하지만 처음부터 옵션 시장에 개인 투자자들이 몰렸던 것은 아니다. 잘만 하면 순식간에 큰돈을 거둬줄 수 있는 것이 옵션이지만, 또 일순간에 완전히 거덜날 수도 있다는 것을 옵션에 관심이 있는 사람이라면 너무나 잘 알았다. 따라서 옵션 시장에서 무슨 일이 벌어지든 그곳은 자기와는 무관한 세계라고 여기는 것이 보통이었다. 그 결과 대부분의 개미들은 간간이 들려오던 옵션 대박 소식에도 초연히 현물로 일관할 수 있었던 것이다. 사실 옵션 시장은 개인 투자자들의 종착역이었다. 현물 시장에서 이리 채이고 저리 채이고 결국 원금 회복이 요원해진 개미가 한방에 모든 것을 만회하려고 마지막으로 들어가던 곳이다.

이러한 상황이 일변한 것은 바로 9·11 테러로 풋옵션 62.5에서 504배의 대박이 터졌고, 어느 옵션 투자자가 5천 600만 원을 투자해 하루 만에 50억 원을 벌었다는 소식 때문이다. 이 소식은 개미들에게는 충격이자 환상이었다. 주식을 알았다는 단 한 가지 이유만으로 몇 년째 생활이 결딴나다시피 한 개미들에게 504배라는 수치와 50억 원이라는 돈은 너무나 인상적이었다.

상한가 한방도 감지덕지인데 504배라니……

또한 증권사들이 이 대박 소식을 교묘하게 이용했다. 높은 수수료 수입을 노린 상술이었지만 개미들을 옵션 시장으로 끌어들이는 이벤트나 광고는 옵션＝대박이라는 등식을 투자자들에게 강하게 기억시켰다.

강하게 기억된 것은 언제든지 의식의 표면에 쉽게 떠올라 일상적인 판단을 좌지우지한다. 그 결과 옵션이 위험한 것이라는 평소의 지식은 완전히 무시된다. 대박의 가능성은 의도적으로 높이고 쪽박의 가능성은 애써 낮추는 과정이 마음속에서 진행된다. 그러다 보면 옵션도 해볼 만하다는 생각이 저절로 들게 된다. 그리고 이러한 생각을 합리화시킬 수 있는 재료에만 눈이 간다. 대박 재료에만 눈을 주고 쪽박 재료는 애써 외면한다. 결국 선물 계좌를 개설하게 된다.

겉으로야 버린 셈치고 해본다고는 하지만 의식의 저편에는 대박에 대한 환상으로 가득 차 있다. 이것이 요즈음 옵션 시장에 뛰어드는 개미들의 심리 상태이다.

하지만 한 가지 분명한 것은 소수의 법칙에 사로잡혀 있는 한 옵션에서의 성공은 어렵다는 사실이다. 어쩌다 운이 좋아 대박을 맞을지도 모르지만 그것은 최종적인 쪽박을 예비하는 단계에 지나지 않는다. 옵션으로 돈을 벌어보겠다는 초보 투자자라면 하루 빨리 옵션 시장을 떠나야 한다. 그것이 더 큰 불행을 막는 지름길이다.

반상회 집값, 일단 올리고 보자

정부가 앞장서서 부동산 투기를 조장한 덕에 재개발 예정 지역을 중심으로 한 강남의 아파트 값이 천정부지로 솟고 말았다. 1주일에 5천만 원이 올랐다느니, 1억 원이 올랐다느니 하는 소리에 일할 맛을 잃어버린 사람이 하나둘이 아니었을 것이다. IMF 사태가 지난 지가 얼마나 되었다고 또 똑같은 짓이냐고 한탄의 소리를 내뱉은 사람도 적지 않았으리라.

언제나 그랬듯이 강남의 아파트 값이 급등하자 다른 지역의 아파트 값도 들먹였다. 강남 아파트 투기로 재미를 본 세력들이 다른 지역에 손을 댄 탓도 있겠고, 우리만 손해 볼 수 없다는 생각에서 스스로 알아서 호가를 올린 지역들도 있기 때문이다. 개중에는 얼마 이하에서는 절대 팔지 말자는 이른바 반상회 가격이 시세를 형성한 곳도 있는 모양이다.

집값이 이렇게 오르다 보면 집이 있는 사람들이야 덜 올랐다는 상대적 박탈감만 느끼면 되지만, 집이 없는 사람들은 갖고 있던 돈을 강탈당하는 듯한 상실감을 느껴야 한다. 다음번 전세 계약 때에는 얼마나 더 내야 하나 걱정도 될 것이다. 더욱이 집값이 오르면서 전세값도 덩달아 올라 결혼을 앞둔 젊은 사람들이 정해진 결혼 날짜를 미루고 있다는 이야기에는 허탈감에 앞서 분노를 느끼는 사람도 적지 않았으리라.

IMF 사태가 고비용 구조에서 비롯되었다는 것을 모르는 사람은 없을 것이다. 우리 경제가 고비용 구조로 전락하고 만 것은 부동산에 큰 원인이 있었다. 부동산 가격이 오르면서 웬만한 공장을 지으려고 해도 막대한 비용이 필요해졌고, 비용을 감당 못 해 외곽으로 빠져나가보아야 엄청난 물류 비용에 신음할 수밖에 없었다. 결국 우리 경제는 고비용 구조에서 헤어날 수가 없었고, 그 결과는 모두가 잘 알듯이 IMF 사태였다. IMF 사태가 지난 지 몇 년이나 됐다고 똑같은 짓이 반복되고 있는 것이다.

한 지역에서만 집이 오른다면 그 지역에 집을 가지고 있는 사람은 더 바랄 것이 없을 것이다. 그 지역의 집을 팔고 다른 지역으로 평수를 넓히거나 상당한 차액을 얻을 수 있으니까 말이다. 하지만 나만 손해를 볼 수 없다고 다른 지역 모두 다 집값을 올리다 보면,

이야기는 달라진다. 집을 팔고 나서 다른 지역으로 가는 실익이 없어지는 것이다. 그뿐이 아니라 부동산 투기를 질타하는 여론에 결국 정부가 규제에 나서게 되어 아파트 기준 가격을 올린다든지 하는 식으로 오히려 손해를 보는 경우가 생기게 된다. 집은 팔리지도 않고 내야 할 세금만 많아졌을 뿐 아무런 실익도 없는 상태가 초래되고 만다. 이번 부동산 급등에 재개발 예정 지역의 아파트들이 세금 추징과 재개발 계획 보류라는 철퇴를 맞았듯이 말이다.

이처럼 나 혼자만이 선택할 경우는 이익이 되지만 다른 사람 모두가 선택해버리면 오히려 손해가 되는 상황을 사회심리학에서는 '사회적 딜레마' 라고 부른다.

다음과 같은 예들을 살펴보자.

아이스 하키 경기에서는 선수들의 안전을 위하여 헬멧을 쓰도록 되어 있다. 하지만 선수 가운데에는 헬멧을 착용하는 것이 남자답지 못하다고 생각하여, 혹은 튀고 싶은 마음에 헬멧을 벗은 채 경기에 임하는 선수가 나올 수 있다. 헬멧을 착용하지 않는 선수가 한 명뿐일 경우, 그 선수는 눈에 잘 띌 뿐 아니라 관객들에게 신선한 느낌을 주기 때문에 인기를 끌게 된다.

이것을 보고 너도 나도 헬멧을 착용하지 않게 된다면 신선감은 떨어져 아무도 관객들의 시선을 끌지 못하게 된다. 선수 입장에서 본다면 부상을 입을 가능성만 높아졌을 뿐 아무런 실익이 없는 상황이 닥치고 마는 것이다. 이러한 현상을 '하키 헬멧 현상'이라고 부른다.

팁 문화가 정착되지 않은 우리 사회이지만 분위기 때문에 혹은 관례 때문에 팁을 주어야 하는 경우가 있다. 술집이라든지 미장원혹은 서빙을 해주는 음식점에서 말이다. 그런 경우에는 대개 시세란 것이 있기 마련이다. 술집이라면 얼마, 미장원이라면 얼마 하는 식으로 말이다. 그런데 어느 한 사람이 돈이 남아돌아선지, 아니면 자기 과시에서인지 그 시세보다 얼마를 더 주었다고 생각해보자. 1만 원이면 되는 것을 자기 혼자서 2만 원을 주는 식으로 말이다.

받는 입장에서야 수입이 늘어나니까 마다할 리가 없고 물론 팁을 많이 준 손님에게 특별 대우를 할 것이다. 이 사람 혼자서 많은 팁을 줄 때는 별 문제가 없을 것이다. 팁에 상응하는 서비스를 받을 수 있으니까 말이다. 하지만 이것을 보고 다른 사람들도 보다 좋은 대접을 기대하면서 팁을 많이 주기 시작하면 사정은 달라진다. 결국은 팁의 시세만 오르는 결과를 초래할 뿐 서비스는 그 전의 수준으로 돌아가고 만다. '팁의 인플레' 현상만 발생하고 만 것이다. 팁을 더 주면 좋은 서비스를 받을 수 있다고 모두가 착각한 결과이다.

이 두 예에 공통적인 것은 자기 혼자만 할 때는 이득이었지만 다른 사람들 모두가 같은 식으로 행동해버리면 결국 손해가 되어 돌아온다는 점이다. 우리나라에서 주기적으로 벌어지는 부동산 투기도 이와 다를 바 없다.

부동산 경기의 침체가 장기화되면 부동산 경기 활성화라는 명목으로 부동산 투기의 방아쇠를 당기는 것은 언제나 정부이다. 여기에 투기 세력이 호응을 하고 그 뒤를 개인들이 따른다. 딴 데는 얼마가 올랐으니 우리도 얼마는 되어야 한다고 서로 집값 올리기에 여념이 없다. 개인들이 이러고 있을 동안 투기 세력은 빠져나간다. 이때쯤이면 정부가 다시 등장한다. 이번에는 부동산 투기를 단속하는 엄한 얼굴을 하고서. 매번 반복되는 일이다. 결국 내야 할 세금만 오르고 집도 팔리지 않는 상황이 되고 만다.

똑같은 현상이 주식시장에서도 벌어진다. 주식시장이 장기적으로 침체화되면 정부는 시장 부양책을 내놓는다. 시장 부양책이라는 것을 보면 대개 일 잘하고 있는 개인들을 주식시장으로 끌어들이기 위한 수단이다. 예전의 우리 사주라든가 증권 저축이라든가 하는 식의 것들 말이다. 세금 몇 푼 감면받겠다고 개인들은 주식시장에 들어서고 만다.

이러한 시책이 발표되면 제일 먼저 호응을 하는 것은 선도 세력이다. 이들이 주가를 치솟게 만들어 개인 투자자들을 유혹한다.

결국 이들이 떠나면 개인 투자자들은 쪽박을 찬다. 정부는 투자란 자기 책임 하에 이루어지는 것이라는 허울 좋은 소리만 남발할 뿐이다.

이렇게 본다면 적어도 부동산 투자나 주식 투자에서 정부 정책 믿다가는 쪽박 차기 십상이라는 결론에 이른다. 정부가 제대로 된 관리자의 역할을 못하고 있기 때문이다.

5장

이미지를 이용하면
에스키모인에게도 냉장고를 팔 수 있고
열대 지방에서도 난로를 팔 수 있다.
이미지에 의해서 촉발되는 착각은
이처럼 무섭다.

이미지가 만들어내는 착각

소비자의 욕망을 자극하라

변화나 변혁이라는 말이 요즈음의 시대어가 되었다. IMF 이후 두드러지게 된 현상이지만 바뀌지 않으면 살 수 없다는 데에는 온 사회가 공감하는 듯하다. 신문의 경제면을 보더라도 바뀌어야만 한다는 내용의 기사로 메워지다시피 하고 텔레비전에서도 이런 주제를 다루는 특집 프로그램을 자주 볼 수 있다. 요즘 직장인이 자주 보는 경제·경영서에서도 개인이나 조직의 변화를 다룬 책들이 인기를 끌고 있는 모양이다. 하긴 〈바꿔〉라는 대중가요가 크게 유행했을 정도이니……

하지만 모든 변화가 좋기만 한 것은 아니다. 이 세상의 변화라는 것 가운데에는 별로 바람직하지 않은 것들도 많이 있다는 말이다. 그러한 것들 중의 대표적인 것이 소비자의 낭비에 의하여 초래되는 변화이다.

패커드(V. Packard)는 이미 수십 년 전 "현대 소비 사회는 낭비에 의해서 번영하는 사회"라는 명언을 남기면서 이러한 사회에서 소비자는 기업들로부터 소비하기를 강요받는다고 주장했다. 그리고 기업이 소비자의 낭비를 조장하기 위하여 제품의 수명을 의도적으로 단축하는 '계획적 진부화' 라는 것을 이용하며, 그것은 이미 기업의 주요한 마케팅 수단으로 자리 잡았다고 강조했다.

그에 따르면 계획적 진부화에는 다음과 같은 세 가지가 있다.

첫번째로, 기능의 진부화이다. 보다 좋은 기능을 가진 신제품을 시장에 도입함으로써 기존 제품을 의도적으로 시장에서 몰아내는 방법이다. 컴퓨터를 비롯한 사무용 기기가 대표적인 예이다.

컴퓨터의 경우를 살펴보자. 지난 20년간 컴퓨터, 특히 개인용 컴퓨터 시장은 눈부신 속도로 성장해와 이미 1가구 1PC 시대를 맞이했다. 이러한 눈부신 성장의 이면에는 컴퓨터의 부단한 업그레이드가 있었다. 한마디로 말해 보다 빠른 속도라는 명분 하에 기능의 진부화가 있었다는 것이다.

중앙 처리 장치인 CPU를 보더라도 6개월이 멀다하고 새로운 제품이 시장에 도입되면서 소비자들에게 더 빠른 제품을 사도록 유혹했다. 286, 386, 486, 펜티엄, 펜티엄Ⅱ, 펜티엄Ⅲ, 펜티엄Ⅳ 라는 식으로…… 거기에 각 카테고리에는 클럭 수의 차이에 따라

무수한 제품이 존재한다. 486이라고 해도 SX-20, SX-25, DX-33, DX2-66이라는 식으로 종류가 많다.

이러한 CPU의 업그레이드에서는 핀 수를 조정한다든지 본체에 삽입하는 방식을 바꾼다든지 하는 식으로 과거 제품과의 호환성을 근본적으로 없애는 경우도 적지 않았다. CPU를 바꾸려면 모든 것을 다 바꾸어야 하는 경우가 적지 않았던 것이다,

메모리의 경우도 다를 바 없다. '보다 큰 용량을 보다 빠른 속도로' 라는 모토 하에 메모리의 핀 수는 많은 변화를 겪어왔다. 30개에서 72개로 그리고 168개로 바뀌어 마더보드가 업그레이드될 때마다 과거의 제품은 버리고 새로운 메모리를 사야만 했다.

명분은 더 큰 용량과 더 빠른 처리 속도를 위한 것이라지만 과거 제품과의 호환성을 없앰으로써 소비자들이 새로운 제품을 사기 위한 전략이 포함되어 있다는 것은 부인할 수 없다.

이 모두가 기능의 진부화를 이용해 기존 제품을 시장에서 도태시키는 방법이었다.

두번째로는, 품질의 진부화가 있다. 전구나 여성용 스타킹 등의 경우이다. 이러한 제품들은 품질이 너무 좋아도 문제가 된다. 제품을 사용하는 소비자의 입장에서야 반길 일이지만 생산자의 입장에서는 한번 팔고 난 후에는 대체 수요가 없으니 결국 회사의 문을 닫을 수밖에 없게 된다. 이런 종류의 제품에서 의도적으로

제품 수명을 단축시키는 것을 품질의 진부화라고 부른다.

세번째로는, 욕망의 진부화가 있다. 자동차의 모델 교환에서 보듯이 성능이나 품질에 아무런 문제가 없는 제품을 스타일이나 디자인을 바꿈으로써 기존 제품을 심리적으로 낡고 쓸모 없다고 생각하게 만드는 것이다.

현재 모든 산업계에서 가장 광범위하게 이루어지는 것은 욕망의 진부화라고 볼 수 있다. 요즘은 제품이 고장날 때까지 사용하는 사람은 드물다. 기술 수준이 높아져 상품들의 품질 자체가 좋아졌기 때문이다. 제품이 고장나서 소비자들이 새로운 제품을 사기만을 기다리고 있다가는 회사 문을 닫아야 할 판이다. 그렇다고 IT 관련 제품과는 달리 새로운 수요를 획기적으로 창조하는 혁신적인 신상품을 내놓기도 어렵다.

제품을 바꾸기 어렵다면 소비자를 바꿀 수밖에 없다. 소비자의 마음을 바꾸어 기존의 제품을 시대에 뒤떨어진 제품으로 느끼게 만들어 새로운 제품을 사도록 만드는 것이다.

새로운 패션을 만들어냄으로써 소비자가 시대에 뒤떨어졌다는 느낌과 사회적 위화감을 느끼도록 하면서 기존의 패션을 버리기를 은근히 강요하는 것이다. 의복, 화장품, 헤어 스타일, 액세서리 등의 경우 신규 수요의 창조는 물론 거의 모든 마케팅 활동이 계획적 진부화에 의하여 지탱되고 있다고 해도 지나친 말은 아니다.

계획적 진부화는 개인적으로 보나 사회적으로 보나 낭비의 측면이 강해 상당히 비난받아온 것은 사실이다. 역으로 사회에 변화와 쇄신을 가져왔다는 측면에서 높이 평가하는 사람도 있기는 있다.

지금에 와서 오히려 계획적 진부화가 문제가 되는 것은 매스컴, 특히 텔레비전의 영향력이 너무 커졌기 때문이다. 사실 지금도 텔레비전은 드라마 등에 새로운 상품을 은근슬쩍 내비침으로써 소비자의 욕망을 자극하고 있다. 이런 상황에서 소비자의 새로운 욕구가 끊임없이 만들어진다. 파는 쪽에서야 요즈음 다양해지는 소비자의 욕구를 따라가기 힘들다는 식으로 이야기하기 마련이지만 실상은 소비자의 욕구는 그들에 의하여 만들어지고 있는 것이다. 소비자는 자신의 욕구대로 소비를 하고 있다고 생각하겠지만 그것은 착각일 뿐이다. 소비자는 기업이 만들어주는 욕구에 따라 소비하고 있을 뿐이다.

에스키모인에게 냉장고 팔기

과거 70년대 무역 입국론이 맹위를 떨치던 시절, 유능한 세일즈맨이라면 에스키모인에게 냉장고를, 아프리카 오지의 원주민에게는 운동화를 팔 수 있어야 한다는 말이 있었다. 에스키모인이야 주위에 널린 것이 자연산 냉장고일 터이고, 아프리카 원주민의 발바닥은 운동화보다도 오히려 더 단단할 터이니 전혀 운동화를 구입할 필요성을 느끼지 않겠지만, 무슨 수를 써서라도 팔아야 한다는 말이다.

하면 된다라는 식의 군사 문화의 냄새가 물씬 풍기는 말이지만 사실 이것이 불가능한 것은 아니다. 또 이런 식의 판매가 실제로 이루어진 경우도 드물지 않다. 이미지에 의한 판매라는 것이 있기 때문이다.

  일본의 최남단에 위치한 오키나와는 연중 내내 여름 날씨를 유지하는 섬이다. 같은 일본이면서도 이국적인 풍취가 있어 일본 사람들이 즐겨 찾고 또 가장 가보고 싶어하는 관광지이기도 하다. 연평균 기온은 섭씨 22도 정도이고 가장 춥다는 1월에도 평균 기온은 섭씨 16도나 된다. 이러한 기온이라면 난방 기구는 전혀 필요 없겠지만 한 조사에 따르면 전 가구의 90퍼센트 이상이 고타츠라는 난방 기구를 소유하고 있었다.

  일본은 지진이 많은 나라여서 주택의 난방 시설에는 별로 신경을 쓰지 않았다. 보통 지진에 의한 직접 피해보다는 지진이 일어난 뒤에 발생하는 화재에 의한 2차 피해가 훨씬 더 크기 때문에 난방 시설을 설치하는 것을 꺼렸기 때문이다. 물론 우리나라의 온

돌 같은 것은 아예 없다. 몇 십년 전만 하더라도 화로를 방 가운데에 두고 그 주위에 옹기종기 모여서 두터운 옷을 입고 추위를 피하는 것이 일반적인 난방 수단이었던 모양이다.

이러한 화로를 현대화시켜 전기 기구화한 것이 고타츠이다. 고타츠란 전기 난로를 상의 밑바닥에 부착시킨 것이다. 방 공기는 차갑더라도 상 밑에 넣은 발이 따뜻하면 추위가 훨씬 덜 느껴지는 것을 이용한 제품이다. 요즈음의 일본은 현대식 아파트가 들어서면서 고타츠를 찾는 층이 줄어들었다지만 얼마전까지만 해도 한 집에 하나씩은 반드시 있어야 하는 필수품이었다.

일본의 홈드라마에는 반드시라고 해도 좋을 정도로 이 고타츠가 등장한다. 가족들이 고타츠에 둘러앉아 귤을 까먹으면서 담소하는 등의 즐거운 시간을 보내는 장면은 홈드라마에서는 빼놓을 수 없는 것이 되어버렸다.

이러한 장면이 계속 방영되다 보니 시청자들의 머릿속에 고타츠는 화기애애한 가족적인 분위기라는 등식이 성립해버렸다. 고타츠 하면 화목한 가족 분위기가 바로 머릿속에 떠오르게 된 것이다. 결국 오키나와 주민들이 고타츠를 구입했다는 것은 난방 기구가 아니라 화기애애한 가족적인 분위기를 만드는 도구를 산 셈이 된다. 다시 말하면 오키나와 주민들은 가족적인 분위기라는 이미지를 산 것이다. 이것이 바로 이미지에 의한 소비이다.

이미지란 소비만이 아니라 인간의 여러 생활을 지배한다. 다음과 같은 예를 살펴보자.

60년대 미국의 흑인 사회를 발칵 뒤집어놓은 실험이 있었다. 실험 대상자는 유치원생 여아들로 실험의 내용은 준비된 인형 가운데에서 가장 예뻐 보이는 것을 고르는 아주 간단한 것이었다. 실험에 사용된 인형은 크게는 백인 인형과 흑인 인형 두 가지로 나누어졌지만 머리 색이나 머리 스타일 등에 따라 종류는 다양했다.

이런 간단한 실험이 흑인 사회에 충격을 준 것은 백인 여아들뿐이 아니라 흑인 여아들까지도 가장 예쁘다고 고른 인형이 모두 금발의 백인 인형이었기 때문이다. 흑인 여아들 대부분이 자신들을 닮은 흑인 인형이 아니라 요즈음도 인기가 높은 바비(Barbie) 인형 같은 백인 인형을 예쁘다고 생각하고 있었던 것이다.

자신을 닮은 흑인 인형보다 백인 인형을 더 예쁘게 생각한다는 것은 흑인의 정체성과 연결되는 중요한 문제이다. 다시 말하면 흑인으로서의 자신을 부끄러워하고 백인을 동경하고 있다는 것은 흑인 사회의 붕괴로 직결되는 문제이다. 흑인 사회가 충격을 받을 수밖에 없었던 이유가 여기에 있다.

그렇다면 왜 흑인 여아들은 금발의 백인 인형을 더 예쁘다고 생각하고 있었을까? 그 이유를 한마디로 말하자면 이미지 때문이다. 텔레비전이나 잡지 등의 거듭되는 광고는 인형 = 금발의 백인 인형이라는 등식을 성립시켰다. 고가품의 바비 인형으로 대변되는 백인 인형들의 홍수 속에서 흑인 어린이들의 마음속에는 인형은 금발의 백인 인형을 뜻하고 백인 인형은 예쁘고 좋은 것이라는 이미지가 자리 잡고 말았던 것이다.

우리는 이와 같이 이미지에 의하여 알게 모르게 영향을 받고 있다. 상품을 구입할 때는 물론 투표를 할 때도 정치인의 실체가 아닌 이미지에 의하여 영향을 받는다.

하지만 이미지란 만들어지고 조작될 수 있는 허상이다. 이미지란 실체와는 상당히 거리가 있기 마련이라는 이야기이다. 착각 가운데 이미지가 유발해내는 착각이 가장 무서운 이유가 여기에 있다. 엉뚱한 것을 보고 엉뚱한 것을 고르게 되니 말이다.

광고에 돈 쓸 필요 없다

거액을 들여 인기 탤런트나 유명인을 광고 모델로 기용한 광고들은 화제가 되기 쉽다. 또 등장 인물이 많고 막대한 제작비를 들인 광고도 매스컴의 주목을 받기 마련이다. 무심코 이런 광고들을 취급한 기사나 보도를 보고 있자면 '유명인을 쓰고 돈을 많이 들여야 좋은 광고가 되는군' 이라는 생각이 저절로 든다. 하지만 이것은 착각이다. 착각도 이런 착각이 없다.

광고에서는 컨셉트(concept)란 말을 자주 쓴다. 컨셉트란 광고에서 전달하고 싶은 부분이다. 광고에서 말하고자 하는 그 무엇이다. 제한된 시간과 공간을 사용할 수밖에 없는 광고에서 컨셉트는 일목요연할수록 좋다.

컨셉트가 분명하면 광고에 쓸데없이 돈을 쓸 필요가 전혀 없다.

하고 싶은 말만 하면 되는 것이다. 가령 전성기 때의 비틀즈가 내한 공연을 한다고 치자. 이런 경우라면 컨셉트가 너무나 분명하다. 언제 어디서 공연을 한다는 것만 알려주면 된다. 신문 한쪽 귀퉁이에 광고를 내는 것만으로 충분하다. 시각적인 표현도 필요 없다. 언제, 어디서라는 기본적인 정보를 문자로 나타내는 것만으로도 충분하다.

문제는 별로 유명하지 않은 가수가 내한 공연을 하는 경우이다. 이런 경우는 앞의 비틀즈와 사정이 전혀 다르다. 우선 이 가수가 얼마나 대단하고 훌륭한 가수인가를 알려야 한다. 구구한 설명이 필요하다는 말이다. 그러다 보면 광고 횟수도 많아질 수밖에 없고 광고의 크기도 커질 수밖에 없다. 홍보성 프로그램이나 기사에도 신경을 쓸 수밖에 없다.

컨셉트의 근저에는 차별화라는 개념이 깔려 있다. 그 상품의 무엇을 이야기해야 다른 회사의 제품과 다르다는 것을 강조할 수 있느냐는 생각이 컨셉트란 말에 내포되어 있는 것이다.

요즘은 기술 수준이 높아져 제품간 차별화를 꾀하기 어렵다는 데에 광고 업계의 고민이 있다. 한마디로 말해 상품들의 격차가 없어지다 보니 그 상품만이 자랑할 수 있는 그 무엇을 찾아내기가 상당히 어렵게 되었다는 것이다. 사정이 이렇다 보니 광고가 상품 이외의 요소에 의지할 수밖에 없게 되었다. 유명인을 등장시키는 탤런트 광고나 막대한 제작비를 들여 화제성을 노리는 광고가 범람하게 된 이유가 바로 여기에 있다.

한때 풍경화를 연상시키는 광고들이 판을 친 적이 있다. 해외에서 현지 촬영한 수려한 경치를 배경으로 귀에 익숙한 음악이 흐르는 광고들 말이다. 광고는 풍경화가 아닐진대 이런 식의 광고가 한때 범람한 것은 광고하는 제품이나 서비스만이 말할 수 있는 그 무엇이 없었기 때문이다. 결국 쓸데없이 제작비를 많이 들이거나 유명 탤런트에 지나치게 의존하는 광고를 하는 상품의 경우 그 상품 자체에는 이렇다 할 장점이 없다고 보아도 좋다.

광고의 가장 기본적인 목적은 설득이다. 광고하는 제품이나 서비스를 구입하거나 사용하도록 설득하는 것이다. 그렇다면 광고에 어떠한 인물이 등장하여 이야기할 때 가장 설득 효과가 있을까? 광고의 모델이 어떠한 사람일 경우, 설득 효과가 높을 것인가에 관한 문제이다.

사회심리학에서는 이러한 주제는 '설득의 신빙성'이라는 주제로 다루고 있다. 커뮤니케이션에서 메시지를 전달하는 사람을 듣는 사람이 어느 정도 신뢰하고 있느냐에 따라 그 영향력에 천양지차가 있다는 것을 우리는 이미 일상 생활에서 너무나 잘 알고 있다.

신빙성의 가장 큰 원천은 신뢰성이다. 메시지를 전달하는 사람을 얼마나 믿을 수 있느냐의 문제이다. 메시지를 전달하는 사람의 신뢰성이 높다면 그가 전달하는 메시지의 신빙성은 높을 것이고 그 반대라면 신빙성은 당연히 낮을 것이다.

신빙성의 두번째 원천은 전문성이다. 가령 신약의 효과에 대하여 설득할 때, 그 약을 개발한 제약 회사의 세일즈맨이 설득하는 경우와 그 분야의 권위 있는 대학 교수가 설득하는 경우 신뢰도는 분명히 다를 것이다. 이것이 전문성에 의한 차이이다.

설득 연구에서 이미 입증된 이러한 사실도 우리나라 광고 업계에서는 의도적으로 무시된다. 다시 말하면 적어도 우리나라의 광고는 신빙성의 두 축인 신뢰성과 전문성 가운데에서 전문성이라는 부분은 완전히 포기하고 있다. 그러다 보니 야구 선수가 컴퓨터 광고에 나오고 축구 감독이 카드 광고에 나온다. 야구 선수가 컴퓨터를 알면 도대체 얼마나 알겠고, 축구 감독이 선수들 지도하기도 바쁠 터인데 카드를 써보아야 얼마나 쓸 것인가. 이렇게 상품과 전혀 관계가 없는 모델을 기용하는 광고는 모델이 가진 신뢰성에만 의존해 제품의 인지도와 지명도를 높이기 위한 일종의 편법이다. 모델의 이미지를 빌려 자신의 이미지를 높여보려는 얕은 술수에 지나지 않는다.

모두가 다 이런 식으로 광고를 하다 보면 앞에서 말한 사회적 딜레마 상황이 발생하고 만다. 너도 나도 지명도가 높은 모델에만 매달리다 보면 광고 개런티는 천정부지로 올라갈 수밖에 없다. 결국 자금력이 약한 회사는 아예 유명한 광고 모델을 기용하지도 못하는 상황이 온다. 현실과 마찬가지로 광고계에서도 부익부 빈익빈 현상이 심화되고 마는 것이다. 그리고 그 부담은 그대로 소비자에 전가된다.

하지만 문제는 이러한 광고가 먹힌다는 데에 있다. 이러한 광고가 먹혀드는 이유는 너무나 뻔하다. 우리 사회에는 현명치 못한 소비자가 많기 때문이다.

하지만 적어도 자신이 현명한 소비자라고 생각한다면 광고 모델의 이미지에 돈으로 편승하려는 광고는 아예 무시해버리자. 그 회사는 모델로 당신을 착각에 빠뜨리려고 그 엄청난 돈을 들이고 있으니까.

6장

신토불이 농산물은 정말로 몸에 좋은 것일까?
남자들이 예쁜 여자에게 더 친절한 이유는?
이번 장에서는 맛과 멋에 얽힌
착각을 살펴본다.

맛과 멋의 착각

신토불이, 신토불이, 신토불이야

잘 알다시피 신토불이(身土不二)란 말 자체의 의미는 몸과 땅은 둘이 아니고 하나라는 것이다. 이것이 지금은 몸과 땅의 근본은 같은 것이니 제 땅에서 산출된 농산물을 먹어야 건강하게 살 수 있다는 말로 쓰인다. 한마디로 말해 건강하게 살고 싶으면 국산 농산물을 먹으라는 이야기이다.

이것은 아마 농산물 개방을 맞이하여 위기 의식을 느낀 농수산 업계가 국산 농산물의 판매를 촉진시키기 위해 사용한 말일 것이다. 그리고 그것은 소기의 성과를 거두었음에는 틀림이 없다. 신토불이란 말을 한마디도 듣지 않고 지내는 날이 없을 정도로 일상적인 용어가 되었으니까.

요즈음은 신토불이라는 말의 의미가 확대되어 먹거리만이 아니라 공산품에도 빈번하게 사용된다. 신토불이 화장품, 신토불이 소프트웨어라는 식으로 우리나라에서 생산된 것을 말할 때 쓰이곤 한다.

국내 시장이 완전 개방되고 외국인이 웬만한 국내 기업의 대주주를 차지하고 있는 글로벌한 상황에서도 국수주의의 냄새를 물씬 풍기는 신토불이란 말의 기세가 꺾일 줄 모른다. 주위에서 하도 신토불이, 신토불이 해대니까 사람들은 쇠고기라면 반드시 한우를 먹어야 하는 줄 알고 야채류도 중국산이라면 거들떠보지도 않는다. 개중에는 국산 농산물을 제외한 외국산은 아예 먹지도 못하는 것으로 여기는 사람마저 있을 정도이다. 특히 수입 농산물의 대부분을 차지하는 중국산을 농약이나 방부제 덩어리로 여겨 노골적으로 기피하는 경향마저 있다. 자기들이 정성을 들여 키운 농산물이 한국에서 푸대접을 받고 있다는 소식을 들은 중국 농민들이 분노하고 있다는 보도가 있었을 정도이다.

신토불이여야만이 몸에 좋은 것일까? 다른 나라에서 수확된 농산물을 먹으면 건강하게 살 수 없는 것인가?

신토불이란 말을 곧이곧대로 해석하면, 우리나라에 사는 외국인들은 건강하지 않고 수명도 짧아야 한다. 물론 자기네 나라에서 수입한 농수산물만 먹는 외국인은 예외이다.

또한 미국이나 일본에 사는 한국 교포들 역시 건강하지 않고 수명도 짧아야 한다. 실상은 어디 그런가? 미국이나 일본에 사는 교포들 모두 건강하게 잘살고 있고, 수명도 여기 사는 사람들보다 길면 길었지 결코 짧지는 않다. 과문 탓인지는 모르지만 교포들이 한국산 농수산물만 수입해다 먹었다는 소리는 들어본 적이 없다. 한마디로 말해 제 땅에서 자라지 않은 농수산물을 먹고도 얼마든지 건강하게 살 수 있다는 이야기이다.

조금만 생각해보면 허구성을 뻔히 알 수 있는 신토불이란 말이 아직도 도처에서 맹위를 떨치고 있는 것은 무슨 까닭일까? 그 이유를 한마디로 말하면 남들이 좋다고 하니 좋게 여겨질 뿐이라는 것이다. 일종의 '플라시보(Placebo) 효과'이다.

플라시보 효과란 약물학적으로 아무런 효과가 없는 약, 즉 가짜 약을 투여해도 환자의 증상이 경감되는 현상을 말한다. 가령 감기 든 환자에게 소화제를 감기약이라고 속여서 복용시켜도 감기 증세가 호전되는 식이다. 소화제가 아니라 녹말가루를 넣은 캅셀약을 먹어도 증세가 호전된다. 이것은 약이 가진 본래의 치료 효과 때문이 아니라, 환자의 기대나 암시 등의 심리적인 요인에 의해서 병세가 좋아지는 것이다. 이러한 치료 효과를 총칭해서 플라시보 효과라고 부른다.

이와는 정반대의 역플라시보 효과라는 현상도 있다. 불면증 환자에게 약을 주면서 이 약은 생리적으로 흥분시켜 잠을 못 이루게 하는 것이니 오늘밤은 잘 못 잘지도 모른다고 말한다. 물론 이 약은 가짜 약이다. 하지만 이 약을 복용한 환자가 오히려 잠을 잘 자게 되는 현상이 나타난다.

불면증 환자는 자신이 잠을 잘 못 이루는 것은 자신에게 문제가 있기 때문이라고 생각한다. 즉 자신에게 불면증이란 병이 있어 잠을 못 이루는 것이라고 생각하기 마련이다. 하지만 이러한 약을 먹고 나면 자신이 잠을 못 이루는 것이 자신에 문제가 있어서가 아니라, 약 때문이라고 그 원인을 돌려버림으로써 불면 증상이 경감되는 것이다.

플라시보 효과가 현저하게 나타나는 것은 바로 보약을 먹었을 때이다. 우리나라 사람들이 몸에 좋다면 무엇이든지 먹는다는 것은 잘 알려진 사실이다. 뱀, 개구리, 토룡탕, 고양이, 까마귀 등등 한때 몸에 좋다고 하여 우리 사회에서 크게 유행했던 음식들이다. 국내에서 먹다 지친 일부 극성파는 해외로 나서기까지 한다. 태국이나 러시아에 가서 밀렵한 곰의 웅담을 먹다 세계적인 망신거리가 된 사건은 아직도 기억에 새롭다. 이렇게 몸보신에 적극적인 것을 보면 세계에서 평균 수명이 가장 높아도 시원치 않을 텐데 현실은 그것과는 거리가 멀다. 옆 나라 일본과 비교해보아도 평균 수명은 훨씬 떨어지니 참 이상한 일이다.

이러한 음식들을 먹어본 사람들의 이야기를 들어보면 한결같은 소리가 효과가 있다는 것이다. 몸에도 좋고 정력에도 좋아 그날 안으로 효과가 나타난다는 것이다.

하지만 이것도 대개는 플라시보 효과일 뿐이다. 몸에 좋을 것이라고 생각하니까 몸이 반응을 보여주는 것이다. 소화제를 먹은 감기 환자의 증상이 좋아지듯이 말이다.

신토불이 상품을 먹어야 건강에 좋을 것이라고 생각하는 것 역시 이와 전혀 다를 바 없다. 좋다고 생각하니 좋다고 여겨질 뿐인 것이다.

물론 농수산물에도 품질의 차이란 있다. 하지만 원산지의 차이가 바로 품질의 차이를 뜻하는 것은 결코 아니다. 중국산에도, 일본산에도 상중하가 있을 수 있다. 물론 국산 농산물에도 상중하가 있다. 그럼에도 신토불이가 최고인 줄 안 나머지 한국산 하급이 중국산 고급보다도 맛있고 건강에도 좋다고 생각하는 사람들이 많다는 것이 문제이다. 동아시아 3국의 상급 농수산물끼리 품평회를 가진다면 우리나라에서 산출된 것 중 1등을 차지할 수 있는 것이 과연 몇 개나 될까? 정확한 결과야 모르겠지만, 한 가지 확실하게 이야기할 수 있는 것은 우리의 주식인 쌀의 경우 우리나라에서 아무리 최고급이라고 해도 절대 1등을 차지하지 못한다는 것이다.

돈이 남아돌아 비슷한 품질의 제품을 몇 배의 가격을 주고 사먹는다면 거기에는 할 말은 없다. 그러나 이런 사람들이 무조건적으로 신토불이를 선호함으로써 우리나라 농산물의 품질이 개량될 여지를 아예 없애고 있다는 점은 지적받아 마땅하다.

당신은 술맛을 아시나요?

술을 섞어서 마시는 음주법이야 어느 나라에든 있겠지만, 그 비싸다는 스카치 위스키와 맥주를 섞어서 마시는 폭탄주를 일상적으로 즐기는 나라는 전세계에서 우리나라가 유일할 것이다.

폭탄주를 두고 찬반론이 있을 수 있겠지만, 적어도 폭탄주가 우리나라 위스키 시장을 세계에서 가장 주목받는 시장으로 만들었다는 데에는 이론의 여지가 없다. 2001년 한국의 위스키 시장은 매출액을 기준으로 할 때 전년도보다 23.5퍼센트나 성장, 세계에서 가장 높은 증가율을 기록했을 뿐 아니라, 시장 규모도 1조 3,000억 원을 넘어섰다. 특히 원액 숙성 기간 12년 이상인 프리미엄급이 전체 시장의 83.4퍼센트를 차지하고 있을 정도로 시장의 고급화가 두드러졌다.

보통 위스키는 맛이나 향으로 마신다고 한다. 스트레이트로 마실 때에는 맛을 즐기고, 얼음으로 희석해 마실 때에는 향을 즐긴다는 이야기이다. 그렇다면 폭탄주로 마실 때에는 무엇을 즐기는 것일까? 맥주랑 섞어 마셨으니 맛은 아닐 터이고, 마시기 급급하니 향은 더더욱 아닐 터이다. 맛이나 향이 아니라면 취하기 위해서라는 단 한 가지의 목적을 위해서라는 이야기인데 그렇다면 굳이 그렇게 비싼 프리미엄급이 필요한 것일까? 물론 허세를 즐기는 사회 분위기상 고급 위스키를 찾을 수밖에 없다고 말하면 할 말은 없겠다.

개중에는 폭탄주가 아니라 맛을 음미하면서 스트레이트로 위스키를 즐긴다는 사람도 물론 있을 수 있다. 이른바 위스키 애호가이다. 하지만 의문은 아직도 남는다. 과연 이러한 사람들은 위스키 맛을 구별할 줄 아는 것일까? 다시 말하면 고급 위스키와 저급 위스키의 맛을 구별할 줄 알까? 고급 위스키가 괜히 좋아 보이는 것은 비싼 것이 좋은 것이라고 믿는 단순한 속물 근성 때문만은 아닐까?

이러한 의문 하에 《영국의학저널》은 다음과 같은 테스트를 실시했다. 3종류의 고급 위스키와 3종류의 저급 위스키를 늘어놓고 어느 것이 고급 위스키인지를 알아맞히는 테스트였다. 실험 대상자는 위스키를 즐기는 4명과 음주에 익숙하지 않은 4명이었으며,

실험 방법은 물론 브랜드를 가린 채 맛을 구별하는 블라인드 테스트였다.

실험 결과를 보면 우선 음주에 익숙하지 않은 사람들의 정답률은 동전을 던져 앞이 나올 확률과 똑같은 50퍼센트였다. 위스키를 즐긴다고 한 사람들의 경우 역시 정답률이 높았다. 음주 초보자보다는 8퍼센트나 높은 58퍼센트를 기록했으니까……

영국의 소비자 저널인 《위치(Which)》도 비슷한 실험을 실시했다. 이번에는 앞서의 경우와는 달리 양주 업계에 종사하는 전문 감정사가 실험 대상이었다. 실험은 블렌드 위스키, 몰트 위스키, 꼬냑 등의 세 부분에서 이루어졌다.

브랜드가 가려진 채로 이루어진 테스트에서 실험 대상자들의 과제는 맛에 따라 저급 브랜드와 고급 브랜드 제품들의 순위를 매기는 것이었다.

결과를 보자.

블렌드 위스키 부문에서는 코옵(Co-op)이라는 슈퍼마켓용 싸구려 위스키가 쟁쟁한 브랜드를 누르고 당당히 1등을 차지했다. 몰트 위스키 부문에서는 체인스토어용 저가 제품인 센즈베리가 1등을 차지했고, 고급 브랜드의 대명사 글렌피디히의 '킹'이 꼴찌의 영광을 누렸다. 꼬냑 부문에서는 브랜드간의 차이가 비교적 적었다. 하지만 여기서도 체인스토어용 센즈베리 브랜드가 선전해 고급 꼬냑의 대명사인 헤네시, 꾸부와지에와 동점을 기록했다.

이 결과는 아마추어가 아니라 실제로 주류 산업에 종사하는 감정사들에 의한 것이다. 이 결과에 충격을 받은 기자 하나는 "위스키에 얽힌 속물 근성과 비밀을 수많은 사람이 꿰뚫어버리게 되면 앞으로 위스키 업계는 도대체 어떻게 되고 말 것인가?"라는 코멘트를 남겼을 정도이다.

이 뒤로도 맥주를 이용한 비슷한 실험이 이어졌다. 결과는 앞서의 것들과 대동소이해, 결국 소비자들은 술맛을 구별하지 못한다는 점은 분명해졌다.

요즈음 2, 30대에서 소리없이 붐을 일으키고 있는 와인의 경우는 어떠할까? 와인의 경우 그 맛에 관해 공표된 실험 결과는 아직 없다. 하지만 우리들에게 친숙한 몇 가지 사례들은 와인의 경우도 맛을 구별한다는 것이 간단치 않다는 것을 시사한다.

실제로 일반 소비자들은 와인의 맛을 잘 구별하지 못한다. 그뿐 아니라 전문적인 트레이닝을 받은 전문 감정사의 경우도 실제의 와인 맛 테스트에서는 와인의 빛깔과 냄새를 단서로 사용한다. 또한 테스트에서 그들은 와인을 마시지 않고 다시 뱉어낸다. 더욱이 테스트하는 사이마다 물로 입을 씻어내는 등의 세심한 조치를 한다. 이러한 것들을 보면 전문가도 맛을 구별한다는 것이 쉬운 일이 아니라는 것이다. 전문 감정사와는 달리 뱉어내는 것이 아니라

마셔대는 일반 와인 음주자가 와인간의 미묘한 차이를 과연 구별할 수 있을까?

그럼에도 우리는 술맛을 구별할 줄 아는 듯이 행동한다. 또 술에 대해 일가견을 가진 듯이 말하는 사람도 드물지 않다. 술에 관한 여러 실험들을 본다면 사람이 술맛을 잘 구별 못 하는 것은 분명한데도 사람들은 왜 이렇게 행동하는 것일까? 그것은 바로 브랜드의 효과 때문이다. 술의 브랜드를 보고 맛을 다시 떠올리는 것일 뿐이다.

당신의 눈앞에서 술맛을 평하는 사람, 그 사람은 대단한 미각의 소유자이거나 속물이거나 둘 중의 하나이다. 그 사람은 과연 어느 쪽에 속할 확률이 높을까?

예쁘면 인간성도 좋다

얼마 전 《타임》지가 우리나라 성인의 10퍼센트 이상이 성형 수술을 받은 적이 있다고 보도했던 것처럼 우리 사회에서 성형 수술을 받는다는 것은 더 이상 이상한 일이 아니다. 비공식적인 조사에서는 젊은 여성의 40퍼센트가 성형 수술을 받은 적이 있다는 결과까지 보고되었을 정도로 젊은 여성 사이에서 성형 수술에 대한 거부감은 거의 없는 듯하다. 여성지를 펼쳐보면 성형 수술 관련 광고로 넘쳐나고, 성형 수술 관련 기사도 심심치 않게 대할 수 있다.

성형 수술 관련 산업의 시장 규모가 이미 1조 원을 넘어섰을 것으로 추정되고 있고, 압구정동에는 성형 수술촌이 형성되기도 했다. 요즈음은 성형 수술을 받는 층도 젊은 여성에 국한되지 않고 남성에게까지 확대되었으며, 연령층도 10대에서 60대에 이르기까지 광범위해졌다. 이미 우리나라는 성형 수술 공화국이 되고 만 것이다.

사람들이 성형 수술을 받는 데에는 여러 가지 이유가 있겠지만 IMF 사태 이후의 가혹한 취업 사정도 한몫을 했다. 취업을 앞둔 젊은이들이 조금이라도 취업 가능성을 높이기 위하여 얼굴에 칼 대기를 주저하지 않았던 것이다. 면접 때에 좋은 인상을 주어 취업 가능성을 조금이라도 올리기 위함임은 물론이다.

혼기를 앞둔 여성들도 보다 좋은 상대를 만나기 위해서라면 성형 수술을 마다하지 않는다. 유방 확대 수술을 받던 여대생이 사망하는 사건이 발생할 만큼 성형 수술은 얼굴에만 국한되지 않는다.

도대체 사회가 왜 이렇게 되었을까? 도대체 무슨 이유로 성형 수술과 다이어트로 넘쳐나는 사회가 되어버렸을까? 물론 그 이유는 간단하다. 사회가 여성들이 예뻐지고 날씬해지기를 요구하기 때문이다.

6, 70년대만 해도 여자는 얼굴이 아니라 마음이라는 말을 자주 했다. 또 이런 내용의 가사를 담은 노래가 히트하기도 했다. 이것은 다 지나간 이야기가 되고 말았다. 여성에게 중요한 것은 외모가 아니라 내적인 성숙이라는 말은 다 흘러간 이야기가 되고 만 것이다.

하지만 미국의 연구를 보면 여성을 평가하는 중요한 기준은 예나 지금이나 마음이 아니라 외모였다. 사실 여자는 마음이 아니라 얼굴이라는 것을 우리만 모르고 있었던 것이다. 수많은 연구에서 남성이 데이트를 하고 싶어하는 여성의 첫째 조건은 언제나 아름다운 얼굴이었다. 또 아름다운 여성일수록 사람들이 친절하게 대하는 경향이 있었고, 대학생들의 모의 재판에서는 피고가 여성일 경우 그 여성이 아름다우면 형량이 낮아지는 경향이 있었다. 또한 아름다운 여성과 사귀는 남성은 그렇지 않은 여성과 사귀는 남성보다 높은 평가를 받는다는 결과도 보고되었다.

다른 연구들도 미국 사회에는 "아름다운 여성은 인간성도 좋다"라는 스테레오 타입이 정착해 있다는 것을 분명히 해주었다. 심리학에서는 특정한 집단에 속한 사람들이 특유의 성질을 갖고 있을 것이라고 사회에 널리 퍼진 견해를 스테레오 타입이라고 부른다. 미국에서는 이러한 아름다움에 관련된 스테레오 타입을 미(美)는 선(善), 즉 '뷰티 이즈 굿(beauty is good)'이라고 부르고 있다.

요즈음 성형 수술이 만연하는 것은 바로 이러한 '뷰티 이즈 굿' 스테레오 타입이 우리 사회에 정착해가고 있는 결과이다. IMF 이후 이 땅에 들어온 것은 외국 자본뿐이 아니라 그들의 스테레오 타입마저 따라 들어왔던 것이다. 여기에 우리 사회 특유의 조급성이 한몫을 했다. 내면을 가꾸어가면서 꾸준한 자기 절제를 통해 미를 추구하는 것이 아니라, 한방에 모든 것을 바꿀 수 있는 수술이라는 수단을 택하고 만 것이다.

몇 년 전 텔레비전에서 예쁜 여자와 그렇지 않은 여자가 사회에서 받는 대접을 비교한 프로그램이 방영되어 항간의 화제가 된 적이 있었다. 아직도 기억나는 장면은 여성이 길에 서서 손을 들고 동승을 부탁하는 것이다. 이른바 히치하이크이다. 예쁜 여성의 경우 지나가던 차들이 서로 뒤질세라 서기에 바빴고 심지어는 무심코 지나치다 급브레이크를 밟고 후진해 오는 차도 있을 정도였다. 하지만 예쁘지 않은 여성의 경우는 단 한 대의 자동차도 서지 않았다. 요즈음 세상이 이렇다. 사회 분위기가 이렇다 보니 성형 수술을 하는 사람만 탓할 수는 없게 된 것이다.

지금 같은 추세라면 10년 뒤에 엄마의 10대, 20대 모습을 볼 수 있는 자녀들은 거의 없을 것이다. 왜? 엄마들 스스로가 자신이 성형 수술 받기 전의 사진을 다 없애버릴 테니까……

7장

사람은 슬퍼서 우는 것일까,
아니면 울기 때문에 슬픈 것일까?
사람은 재미가 있어서 웃는 것일까,
웃기 때문에 재미있는 것일까?

흥분과 착각의 미묘한 관계

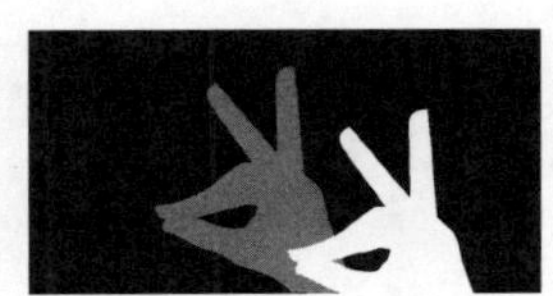

프로포즈에 돈 들이지 마라

아무리 이혼이 많아지고 독신으로 사는 사람들이 늘어났다고는 하지만, 그래도 아직 우리 사회에서는 결혼이란 것이 인생의 중대사임에 틀림이 없다. 결혼 산업이 날로 번창하는 것을 보아도 선진국과 같은 본격적인 독신 시대가 우리 사회에 도래한 것은 아직 아닌 듯하다.

결혼을 하려면 어떤 식으로라도 프로포즈라는 관문을 넘어야 한다. 지금 나이 든 사람들이야 하는 듯 안 하는 듯 얼렁뚱땅 넘어간 사람도 적지 않겠지만, 요즈음 젊은 사람들은 프로포즈를 상당히 요란스럽게 하는 모양이다. 레스토랑을 통째로 빌린다거나, 수백 송이의 장미를 보내고, 영상 프로포즈를 하는 등 꽤 비용이 들어가는 프로포즈도 드물지 않은 모양이다. 이런 유의 프로포즈들은 텔레비전 드라마의 영향과 관련 업계의 장삿속에 넘어간 결과이지만, 프로포즈하는 입장에서야 일생에 한 번뿐인데, 돈 좀 들이겠다는 데 무슨 상관이냐는 생각을 하고 있을 것이다.

사회심리학적인 관점에서 본다면 프로포즈에 돈을 들일 필요는 전혀 없다. 돈을 들여야만 좋은 프로포즈가 된다는 생각은 물론 착각이다. 그 이유를 말하기 전에 우선 다음과 같은 유명한 실험을 살펴보자.

이 실험은 캐나다 캐필라노 강 상류의 협곡을 가로지르는 다리를 이용하여 이루어졌다. 이 다리는 협곡 위 75미터쯤 되는 양편을 케이블로 연결해 밑바닥에는 나무를 엉성하게 댄 흔들거리는 다리였다. 밑바닥 판자 사이로 까마득한 절벽 아래의 바위가 그대로 내려다보였다. 다리를 건너고 있자면 흔들거려 당장이라도 떨어질 듯했다. 담력이 약한 사람은 건널 엄두조차 못 내는 위험한 다리였다.

이런 위험하기 짝이 없는 다리를 이용해 실험이 이루어졌다. 실험 대상자인 남성이 천신만고 끝에 다리를 건너고 나면 바로 예쁜 여자 대학생이 나타나 인터뷰를 한다. "저는 심리학을 전공하는 학생인데 경치가 창작 활동에 미치는 영향을 조사하고 있습니다. 협력해주시겠습니까?"라고 묻는다. 남성이 승낙을 하면 여대생은 몇 가지 질문을 던진다. 그리고 그림을 보여주면서 그 그림에 적당한 이야기를 꾸며줄 것을 부탁한다. 마지막에는 "만일 이 실험의 상세한 내용을 알고 싶으시면 언제라도 전화를 주세요"라고 말하며 전화 번호를 적어준다. 여대생이 떠나면서 실험은 종료된다.

이 실험과의 비교를 위해 똑같은 내용의 실험이 지상 3미터 위에 설치된 안정된 다리를 이용해서도 이루어졌다.

결과를 보면 흔들거리는 다리를 이용한 실험에서는 약 반수의 남성이 전화를 걸어왔다. 하지만 안정된 다리를 이용한 실험에서는 12.5퍼센트만이 전화를 걸어왔을 뿐이다. 또한 그림을 보고 남성들이 꾸며낸 이야기도 흔들거리는 다리를 이용했을 경우에

성적 뉘앙스를 풍기는 것들이 보다 많았다. 여성이 아니라 남성이 인터뷰를 하는 경우에는 다리에 따른 차이는 전혀 나타나지 않았다.

왜 이러한 차이가 나타났을까?

당장이라도 떨어질 듯한 다리를 건너가면 누구라도 생리적으로 흥분한다. 다리는 흔들거리지, 까마득한 밑으로 바위는 내려다보이지 심장은 두근거리고 호흡도 가빠진다. 어찌어찌 해서 간신히 건너고 나면 예쁜 여학생이 나타나 말을 걸어온다. 여성과 대화를 나누고 있는 중에서도 가슴은 두근거리고 호흡은 아직도 가쁘다. 이러한 상황에서 남성은 자기의 가슴이 두근거리고 흥분해 있는 것은 다리를 건너왔기 때문이 아니라 예쁜 여성과 이야기하고 있기 때문이라고 잘못된 원인 귀속을 하게 된다. 그 결과 남성은 여성에 호의를 품게 된다. "내 가슴이 이렇게 뛰는 것을 보면 이 여성은 매력적인 여성임에 틀림없군"이라고 생각하면서 훗날 가르쳐준 번호로 전화를 하게 된다고 이 실험을 실시했던 다튼(D. G. Dutton)은 설명하고 있다.

감정적으로 흥분해 있거나 불안정한 상태에서는 이성에게 매력을 느끼기 쉽다. 우리는 이러한 실험이 있었다는 사실은 몰라도 감정적으로 흥분해 있는 상태가 연애 감정을 깊게 할 수 있다는 사실은 경험적으로 알고 있다. 그래서 휴일이면 공포 영화를 보러

간다든지, 유원지의 롤러코스터를 타는 것이 아니겠는가?

심리학적으로 본다면 프로포즈에 공을 들이는 것은 상대방 여성에게 예기치 못한 데서 오는 감동을 주어 생리적인 흥분 상태를 만들어주기 위함에 다름이 아니다. 그럼으로써 자신에 대한 호감을 높여 프로포즈를 받아들이게 하기 쉬운 분위기를 만들어내기 위한 하나의 전략이다.

물론 남녀간에도 전략은 필요하다. 하지만 상대방의 흥분 상태를 끌어낼 목적이라면 구태여 돈을 낭비할 필요는 없다. 프로포즈에 성공한 이후에는 돈 들 곳 투성이일 테니까 아낄 수 있을 때 조금이라도 절약해두는 것이 두 사람의 앞날을 위해서도 좋다.

생리적인 흥분을 끌어내는 저렴한 방법은 지천에 널려 있다. 두 사람이 함께 조깅을 한다든지, 높은 산을 오른다든지, 테니스를 친다든지 하는 방법들 말이다. 놀이 동산의 롤러코스터도 물론 효과가 있다. 그밖에 야구 경기를 관람하는 것도 좋은 방법 중 하나이다. 상대방이 좋아하는 팀이 9회말 만루 홈런으로 역전시키는 상황이라면 더할 나위 없겠다.

스페인에는 예로부터 '사랑을 속삭이려면 투우장에서' 라는 속담이 있다고 한다. 피가 튀고 관중들의 들끓는 함성으로 누구나가 흥분해 있는 투우장이 사랑을 속삭이기에는 가장 최적의 장소라는 것을 스페인 사람들은 이미 경험적으로 알고 있었다는 이야기이다. 역시 정열의 나라답다.

 요즈음 결혼 산업이란 것이 정착하고 발전하면서 별것도 아닌 것을 가지고 젊은이들을 유혹해 돈을 쓰게 만드는 풍조가 심해져 가고 있다. 남들도 다 한다는데, 그리고 그것도 일생에 한 번뿐이니 돈 좀 들이면 어떠냐는 사람들의 심리를 교묘히 이용하는 것들이다. 앞에서도 말했듯이 어차피 흥분과 감동을 얻어내는 것이 목적이라면 이러한 것들에 속아 쓸데없는 돈을 들이는 것은 너무나 어리석다.

내가 하면 로맨스, 남이 하면 스캔들

사람이란 무슨 일이 잘되면 다 자기가 잘난 덕이고 안 되면 조상이 못난 탓이라고 한다. 자기가 승진하면 자신의 능력이 대단해서이고 다른 사람, 특히 라이벌이라 생각하는 사람이 승진하면 다 줄을 잘 섰거나 아부를 잘한 결과라고 생각한다.

또 자기가 하면 로맨스이고 남이 하면 스캔들이다. 정치인들은 한술 더 뜬다. 내가 하면 개혁이고 남이 하면 탄압이다. 사람들은 도대체 왜 이런 식으로 생각하는 것일까?

사람은 자신의 주위에서 일어나는 일들에 대하여 인과적인 해석을 하고 싶어하는 경향이 있다. 다시 말하면 자신과 관련되어 일어난 일에 대하여 그것이 왜 일어났는지를 알고 싶어한다는 것이다.

자신이 어떠한 행동을 했을 때에도 마찬가지이다. 이때도 역시 그 행동이 일어나게 된 원인을 알고 싶어한다. 그 결과 자기의 성격 탓에 그런 행동을 했다고 생각하기도 하고 상황이나 환경 때문에 어쩔 수 없이 했다고 해석하기도 한다.

한 학생이 중간 고사에서 아주 우수한 성적을 거두었다고 생각해보자. 결과가 아주 좋아 선생님의 칭찬을 받고 부모님도 즐겁게 해드릴 수 있었다. 본인은 이러한 결과가 나타나게 된 원인을 나름대로 해석하기 마련이다. 밤잠 안 자고 노력한 덕이라고 생각할 수도 있고, 이번에는 아주 운이 좋아 공부한 것만 그대로 나와 좋은 결과를 얻을 수 있었다고 생각할 수도 있다. 전자는 자신의 능력에서, 후자는 상황에서 그 원인을 구한 것이다.

이러한 식으로 어떠한 일이 벌어지면 의식하든 의식하지 못하든 나름대로 그 원인을 찾는 과정이 마음속에서는 진행된다.

다른 사람의 행동에 관해서도 마찬가지의 해석이 이루어진다. 어떠한 것은 행동을 한 사람의 성격 때문에 일어났다고 보기도 하고 또 어떤 것은 환경 때문에 일어났다고 보기도 한다. 가령 우연히 폭력 사건을 목격하게 된 사람은 사건이 일어나게 된 원인을 가해자가 잔인해서 일어났다고 보든지, 아니면 피해자가 폭력을 유발시켰기 때문에 어쩔 수 없이 일어났다고 생각할 수 있다. 전자는 가해자의 성격에서, 후자는 일시적인 상황이라는 요인에서 폭력 사건이 일어난 원인을 찾은 것이다.

이처럼 자기를 둘러싼 상황이나 환경 내에서 발생한 행동이나 사건에 관하여 그것의 원인과 결과를 분명하게 하려는 과정을 사회심리학에서는 '귀인 과정'이라고 부른다.

보통 귀인 과정은 다음과 같은 3단계를 거쳐 이루어진다.

첫 단계는, 행동의 관찰이다. 이 단계에서는 행위자와 그 행동이 일어난 환경에 관한 다양한 정보가 수집된다.

두번째 단계는, 행위자의 의도를 판단하는 것이다. 얻어진 정보와 자신의 과거 경험을 기반으로 행위자의 행동의 이면에 자리 잡은 의도를 추측해 나간다.

마지막 단계에서는 행위자의 고유한 속성의 추측이 이루어진다. 행위자가 행동한 의도만이 아니라 성격과 같은 고유한 속성까지 추측함으로써 행위자의 행동 전반에 걸친 종합적인 이해가 이루어지는 것이다.

이런 식으로 설명하면 상당히 치밀하게 추정이 이루어지는 것 같지만, 실제로는 이러한 귀인 과정이 종종 잘못되는 경우가 많을 뿐 아니라 일관성이 없다는 데에 문제가 있다.

한 예를 들어보자. 길을 걷다 여러 사람이 보는 데서 돌부리에라도 걸려 넘어졌다고 치자. 크게 다친 것이 아니라면 우선은 창피하니 빨리 일어나서 그곳을 벗어나기에 급급할 것이다. 속으로는 '원 재수가 없으려니까…… 이 무슨 망신이람' 하고 투덜대면서 그날의 일진을 탓하든지, "길이 뭐 이 따위야"라면서 애꿎은 길에다 한바탕 욕설을 해댈지도 모른다. 자기가 못나서 넘어졌다든지 자신의 덤벙거리는 성격 때문에 넘어졌다고는 결코 생각하지 않는다. 다 재수가 없었다든지 길에 문제가 있었던 것으로 생각해버리고 말 것이다.

하지만 길을 가다가 다른 사람이 넘어지는 것을 보았다고 치자. 우선 웃음을 참느라 바쁠 것이고 속으로는 '참 칠칠치 못한 사람이군' 하고 생각할 것이다. 그 사람이 운이 나빴다든지 길이 이상해서 넘어졌다고는 결코 생각하지 않는다. 그 사람의 성격이 칠칠치 못해서 넘어졌다고 생각해버리는 것이다. 똑같은 상황을 두고서도 자신이 넘어졌을 때와 남이 넘어졌을 때 그 원인을 해석하는 방법이 이렇게 다른 것이다.

이것을 사회심리학에서는 '행위자-관찰자 효과'라고 부른다. 어떤 일이 벌어졌을 때 자기가 행위자일 경우에는 그 원인을 운이나 주위 상황 탓으로 돌리지만, 자신이 관찰자인 경우는 행위자의 행동이 일어나게 된 원인을 그 사람의 성격이나 능력으로 돌려버리는 현상을 말한다.

이러한 착각의 결과 자기가 불륜을 하면 그것은 로맨스이고 남이 하면 스캔들이라 자연스레 생각하게 된다. 자기가 불륜에 빠진 것은 어쩔 수 없었던 상황 요인 때문이었고, 남이 불륜에 빠진 것은 그 사람이 당연히 여자를 좋아하는 성격의 소유자였기 때문이라고 생각해버리는 데에서 비롯되는 결과이다.

행위자-관찰자 효과라는 착각은 특정한 사람에게 나타나는 현상이 아니라, 지극히 정상적이라고 자처하는 우리들 누구에게나 일어나는 현상이다. 정도의 차이는 있을망정 사람이라면 누구나 행위자-관찰자 효과의 영향을 받는다는 말이다.

내가 왜 흥분했지?

사람은 여러 가지 이유에서 흥분을 한다. 무섭거나 놀랐을 때에는 물론 즐겁거나 슬플 때에도 흥분을 한다. 화를 참지 못해 흥분을 하는 경우도 있다.

이처럼 희비노공(喜悲怒恐)과 같이 갑자기 일어난 일시적인 감정을 정동(情動)이라고 부른다. 이러한 정동으로 흥분했을 때는 가슴이 두근거리고 얼굴이 화끈거리는 등의 생리적인 반응이 나타나기 마련이다. 화를 못 참아 부들부들 떠는 것이 대표적인 예이다.

정동에서의 생리적 변화의 중요성을 강조한 사람은 미국의 심리학자 제임스(W. James)이다. 그는 사람은 슬퍼서 우는 것이 아니라 울기 때문에 슬픈 것이고, 재미가 있어서 웃는 것이 아니라

웃기 때문에 재미있는 것이라고 주장하였다. 이것을 '제임스-랑게설(說)'이라고 한다. 이 설은 뒤에 실험적으로 부정되었으나 정동에서의 생리적 변화의 중요성을 밝힌 그의 공적은 아직도 인정받고 있다.

사람이 생리적으로 흥분해 있을 때, 자신의 정동을 정확하게 알 수 있을까? 다시 말하면 자기가 무엇 때문에 흥분하고 있다는 것을 정확하게 알 수 있을까? 화가 나서 흥분한 것인지 기뻐서 화가 난 것인지를 알 수 있는 것일까? 정답을 미리 말하자. 그것을 알 수 있는 방법은 없다.

사회심리학의 유명한 이론 가운데 '정동 2요인 이론'이라는 것이 있다. 이 이론은 샤흐터(S. Shachter)라는 저명한 사회심리학자가 주장한 이론으로서 그때까지의 견해를 완전히 뒤집는 혁명적인 이론이었다.

샤흐터 이전까지는 흥분에는 거기에 걸맞은 생리적인 반응이 있다고 여겨졌다. 사람이 슬퍼할 때에는 슬픔에 대응하는 독특한 생리적인 반응이 있고, 또 기뻐할 때에는 기쁨에 대응하는 생리적인 반응이 나타난다는 식이다. 여기에 대하여 샤흐터는 흥분하게 된 이유가 기쁨이든 슬픔이든 분노이든가에 상관없이 생리적인 반응은 모두 동일하다는 것이다. 따라서 생리적으로 흥분해 있다는 것만을 단서로 자신의 현재 감정이 무엇인가를 정확하게 아는 것은 불가능하다는 것이다.

자신이 지금 생리적으로 흥분해 있다라는 생각과 그 상황에서 자신이 어떤 감정 때문에 흥분하고 있는가를 아는 '정동의 라벨링'의 두가지 요인이 있어야 비로소 '정동에 대한 인지'가 성립한다는 것이 샤흐터의 주장이다. 다시 말하면 정서 체험이란 생리적인 변화가 일어나는 것과 그것이 무엇 때문에 일어났나를 아는 인지의 두 가지가 함께 할 때 비로소 발생한다는 것이다.

이러한 이론을 입증하는 샤흐터의 실험을 살펴보자. 우선 실험 대상자에 아드레날린 주사를 놓는다. 이 주사를 맞으면 교감신경계가 흥분되어 심박수가 늘어나고 얼굴이 화끈거린다. 주사라는 인공적인 수단으로 생리 변화를 일으킨 것이다. 그 후 실험 대상자를 세 그룹으로 나눈다. 첫번째 그룹에게는 생리적인 변화가 아드레날린 주사를 맞아서 나타난 것이라고 올바르게 가르쳐준다. 두번째 그룹에게는 주사에 대하여 아무런 말도 하지 않는다. 세번째 그룹에게는 이 주사를 맞으면 가려움증이나 두통이 일어날 수 있다는 엉뚱한 정보를 준다.

이 절차가 끝난 후 실험 대상자들은 두 사람씩 대기실에서 기다리게 된다. 한 명은 실험 대상자였지만 다른 한 명은 실험에 협력하는 사람이었고, 그는 일부러 연기를 하도록 되어 있었다. 어떤 실험 협력자는 기분이 대단히 좋은 척 행동했고 또 다른 협력자들은 공연히 화를 냈다.

이 실험의 목적은 아드레날린 주사를 맞아 이미 생리적으로 흥분해 있는 실험 대상자가 실험 협력자들의 정서에 영향을 받아 기분이 좋아지거나 화를 내는가를 알아보는 것이다.

결과를 보면 아무런 정보를 받지 않은 그룹과 엉뚱한 정보를 들은 그룹의 실험 대상자들 모두 실험 협력자의 영향을 받았다. 다시 말하면 자기 몸에서 일어나는 생리적인 변화가 실험 협력자가 화를 내거나 기분 좋은 듯 행동했기 때문이라고 생각하고 말았다는 이야기이다. 주사 때문에 흥분한 상태였음에도 불구하고 실험 협력자가 화를 냈기 때문에 자기가 흥분했다고 착각하고 있었던 것이다.

하지만 올바른 정보를 들은 실험 대상자들은 아무런 영향을 받지 않았다. 그들은 자신들에게 일어난 생리적인 변화가 아드레날린 주사 때문이라는 것을 이미 알고 있었다. 그 결과 실험 협력자가 화를 내고 있는 것과 자신들의 생리적 변화는 아무 관계가 없다고 생각할 수 있었던 것이다. 따라서 실험 협력자의 영향을 전혀 받지 않고 냉정한 상태로 대기할 수 있었다.

이 참가자들 이외에도 한 그룹의 참가자에게는 아드레날린 주사가 아니라 생리적 식염수를 주사했다. 이들도 똑같은 실험 절차를 거쳤으나 실험 협력자의 영향을 전혀 받지 않고 냉정한 상태로 대기하고 있었다. 생리적으로 흥분한 상태가 아니었으니까 저 혼자 즐거워하거나 화를 내는 실험 협력자를 '왜 저러지?' 하는 냉정한 눈으로 바라볼 수 있었던 것이다.

우리 주위에는 남이 흥분하면 괜히 같이 따라서 흥분하는 사람들이 많다. 가령 축구의 룰이라곤 전혀 모르면서도 남들이 흥분하면 덩달아 흥분하는 사람들 말이다. 그런 사람들은 앞으로 끊임없이 스스로에게 물어보아야 할 것이다. "내가 왜 흥분하고 있지?"라고.

공포 영화를 볼 때는 볼륨을 높여라

앞장에서 인용한 샤흐터의 실험은 약물을 사용하여 사람들의 생리적인 반응을 끌어낸 경우이다. 이와는 정반대로 생리적인 반응은 전혀 일으키지 않은 채 사람들이 자신이 흥분해 있다고 믿게 만든 발린스(S. S. Valins)의 실험을 살펴보자.

이 실험에 참가하는 대학생들에게는 누드 사진을 보고 있을 때의 생리적인 반응을 측정하는 것이 실험의 목적이라고 설명된다. 그리고 나서 절반의 학생에게는 심박 측정기가, 다른 절반에게는 피부의 온도를 측정하는 기구가 부착되었다.

심박 측정기를 부착한 학생들은 "지금부터 10장의 슬라이드를 보면서 심박수를 측정합니다. 구식 측정 기구를 사용하기 때문에 증폭된 심박음이 스피커를 통하여 흘러나옵니다. 실험 자체가 그

렇게 집중력을 필요로 하는 것은 아니기 때문에 실험 결과에 영향을 줄 것이라고는 생각하지 않습니다. 편한 마음으로 실험을 진행해주십시오"라는 설명을 듣게 된다.

피부의 온도를 측정하는 기구가 부착된 학생들은 "지금부터 10장의 슬라이드를 보면서 피부의 온도를 측정합니다. 잡음이 실험에 얼마나 영향을 미치는가를 측정하기 위해서 녹음기에 녹음된 잡음을 들려드립니다. 이 잡음은 여러분과는 전혀 관계가 없는 무의미한 잡음이므로 신경 쓰지 마시고 실험을 진행해주십시오"라는 설명을 들었다.

이러한 설명을 들은 후 학생들은 다음의 네 그룹으로 나누어졌다.

1) 심박수 상승 그룹 : 10장의 슬라이드 중 특정한 5장을 보고 있을 경우 심박수가 증가한다.

2) 심박수 하강 그룹 : 10장의 슬라이드 중 특정한 5장을 보고 있을 경우 심박수가 감소한다.

3) 잡음 상승 그룹 : 10장의 슬라이드 중 특정한 5장을 보고 있을 경우 잡음수가 증가한다.

4) 잡음 하강 그룹 : 10장의 슬라이드 중 특정한 5장을 보고 있을 경우 잡음수가 감소한다.

여기서 중요한 것은 심박 측정기를 부착한 사람들이 듣는 소리가 본인들의 심장 고동 소리가 아니라는 점이다. 본인들은 심장 고동 소리라고 생각하고 있었지만 사실은 미리 준비된 인공음이었던 것이다. 이 인공음을 조작함으로써, 즉 스피커를 통해 흘러나오는 소리의 템포를 빠르고 크게 함으로써 본인들이 생리적으로 흥분해 있다고 믿게 하는 것이 심박 측정기의 역할이었던 것이다. 이 기구를 사용함으로써 생리적으로는 전혀 흥분해 있지 않은 상태임에도 불구하고 본인들은 흥분해 있다고 믿게 만들 수 있었던 것이다.

실험이 끝난 후 슬라이드에 대한 평가가 이루어졌다. 결과는 예상대로였다. 심박수가 빨라진 슬라이드에 대한 평가가 그렇지 않은 그것에 비하여 월등하게 높았던 것이다.

슬라이드를 보는 도중 소리가 갑자기 커지면서 템포가 빨라지면 실험 대상자는 자기가 흥분해 있다고 착각하고 만다. 그 결과 '이렇게 내 심장이 두근거리는 것을 보면, 저 사진은 나를 흥분시키기에 충분한 좋은 사진임에 틀림없다'라고 실험 대상자들은 생각하고 말았던 것이다. 잡음을 사용하는 조건에서도 똑같은 조작이 이루어졌지만 아무런 효과가 없었다. 실험 대상자들이 잡음 소리가 커져도 자기가 흥분해 있다고 생각하지 않았기 때문이다.

시원치 않은 공포 영화일수록 음향 효과로 한몫 보려는 경향이 있다. 스토리 자체가 진부해 관객들이 지루해할 것은 뻔하니 시도 때도 없이 번개가 치고, 불안감을 조성하는 효과음만 난무한다. 큰 소리를 들으면 사람들은 흥분하기 마련이다. 가슴이 두근두근거리고 얼굴도 화끈거리게 된다. 이 상황에서 사람들은 자기가 흥분한 것이 소리 때문이라고 생각하게 될까, 아니면 영화가 무서워서 그렇다고 생각하게 될까?

아무리 시시한 공포 영화라도 갑자기 큰 소리가 나면 사람들은 놀라기 마련이다. 즉 생리적인 흥분 상태에 빠진다. 이때 왜 흥분하게 되었는가를 알려는 과정이 진행된다. 그 결과 '이렇게 가슴이 두근거리는 것을 보면 이 영화는 무서운 것임에 틀림없다'라는 잘못된 판단을 하게 된다. 그리고 영화관을 나오면서 "그 영화

괜찮네" 하고 높이 평가하게 된다. 사실은 소리 때문에 흥분을 한 것이지만, 영화가 무섭기 때문이라고 잘못된 인지를 함으로써 영화에 대한 평가 자체가 높아진 것이다. 뒷날 그 영화의 비디오를 빌려 집에서 소리를 죽여놓은 채 한번 보라. 극장에서 보았을 때의 느낌과는 백팔십도 다를 것이다. 이처럼 영화에서 소리로 한몫 보려는 것 또한 우리들의 착각을 이용하기 위함임은 물론이다.

요즈음 드라마와 텔레비전 광고에서 배경 음악에 신경을 쓰는 것도 이러한 우리들의 착각을 이용하기 위함이다. 드라마가 슬퍼서 울고 싶은 것인지, 노래가 슬퍼서 울고 싶은 것인지, 혹은 노래가 재미있어서 즐거운 것인지, 드라마가 재미 있어서 즐거운 것인지를 헷갈리게 만들기 위해서임은 두말할 필요가 없다.

슬픈 드라마라면 가끔은 소리를 죽여놓고 보자. 소리 없이도 당신의 눈에서 눈물이 흐른다면 그 드라마는 슬픈 드라마임에 틀림이 없다.

또 한 가지. 드라마의 노래들이 당신이 좋아했던 노래이고 당신의 취향에 맞는 노래라면 무조건 채널을 돌리자. 그 드라마를 보고 감동을 해보아야 그 감동은 드라마에서 오는 것이 아니라 노래에서 오는 것일 테니까 아예 볼 필요가 없다는 말이다. 차라리 CD를 사서 노래를 듣는 것이 적어도 시간 절약은 된다.

8장

사회를 움직이는 착각 뒤집기

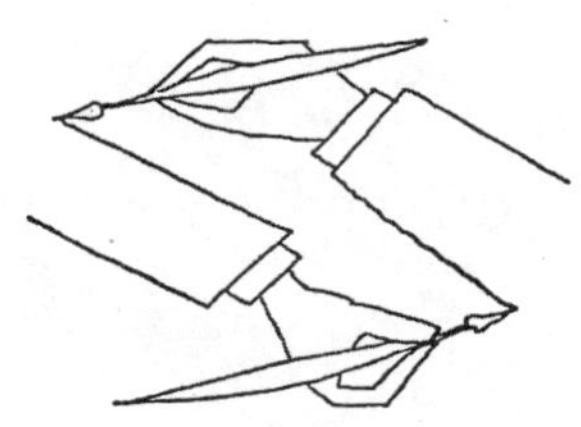

다들 그렇지 뭐

사람들은 자기 주장이 옳다는 것을 강조하기 위하여 "길을 막고 물어봐라. 지나가는 사람들이 다 뭐라고 하나"라는 말을 흔히들 한다. 세상 사람들 모두가 자기와 같은 생각을 하고 있으니 네가 틀렸다는 뜻이다.

이런 말을 들었다고 해서 실제로 지나가는 사람들을 붙잡고 물어볼 사람이야 없겠지만 듣는 입장에선 억울하기 짝이 없다. 이쪽이 해야 할 말을 먼저 하다니. 전혀 사리에 맞지 않는 말을 하면서도 다른 사람들도 다 그렇게 생각하고 있다고 떠드는 것을 보자면 울화통이 터질 수밖에 없다.

하지만 이제부터는 더 이상 화를 낼 필요가 없다. 화를 낸다고 상대방이 바뀌지는 않는다. 그 사람은 일부러 거짓말을 하고 있는 것이 아니라 진심으로 다른 사람들도 다 자기와 같은 생각이라고 착각하고 있기 때문이다. 화를 내보아야 본인의 정신 건강만 해로울 뿐이다.

사람들은 자신의 성격이나 의견, 그리고 행동은 일반적이고 합리적이며, 자신과 다른 것들은 상식에서 벗어났거나 옳지 않은 것이라고 믿는 경향이 있다. 한마디로 말해 사람들은 자신과 같이 생각하거나 행동하는 사람들이 많고, 또 자신의 생각이나 행동이 옳다고 생각한다는 것이다. 사회심리학자 로스(L. Ross)는 이것을 '잘못된 컨센서스(consensus) 효과'라고 불렀다.

로스의 연구에 따르면 자신이 낙천적이라고 생각하고 있는 학생은 자기 자신을 비관적이라기보다는 낙천적이라고 여기는 학생들이 많을 것이라고 추측했다. 흑빵을 좋아하는 학생은 흰빵을 좋아하는 사람보다 흑빵을 좋아하는 사람이 많을 것이라고 생각하고 있었다. 또 스스로 목숨을 끊으려고 시도해보았던 학생들은 자살을 생각했던 사람들이 그렇지 않은 사람보다 훨씬 더 많았을 것이라고 생각하고 있었다.

또한 사람들은 특정한 상황에서 자기가 선택한 판단이나 행동이 그 상황에 가장 적절한 것이라고 생각하고, 선택하지 않는 판단이나 행동은 부적절한 것이라고 생각한다.

이러한 잘못된 컨센서스 효과가 일어나는 이유에는 여러 가지가 있다.

　우선 사람들은 자신과 배경, 경험, 흥미, 가치관 등이 비슷한 사람과 친하게 지내는 경향이 있다. 이러다 보니 세상에는 비슷한 사람 투성이라는 착각에 빠지기 쉽다. 또한 사람들은 자신의 행동이 자신의 의지라기보다는 주위 환경에 의하여 촉발되었다고 생각하는 경향이 있다. 같은 상황이라면 다른 사람들도 똑같은 행동을 할 것이라고 추측한다. 그 상황에서야 누구라도 어쩔 수 없으니 자기와 같은 식으로 행동하는 사람이 많을 것이라고 생각하는 것이다. 그뿐 아니라 사람들은 자신의 자존심을 유지하기 위해 자신의 입장이나 행동이 그 상황에서는 합리적이고 타당한 것이라고 생각하고 싶어하는 경향이 있다.

　잘못된 컨센서스 효과에 의한 착각이 이처럼 여러 가지 이유에서 일어나다 보니 일상 생활에서도 너무나 흔히 접할 수 있다.

　상황 1 : 초등학생인 아들이 20만 원짜리 게임기를 사달라고 한다. 깜짝 놀란 당신이 한마디한다. "그렇게 비싼 것을 쓰는 초등학생이 어디 있니?" 아들 왈, "아빠 하나도 모르면서, 우리 반 애들 다 갖고 있어요."

　상황 2 : 남편의 출근 준비를 도와주려 양복을 챙기다 보니 바지 뒷주머니에서 카드 영수증이 떨어진다. 펼쳐보니 술값이 만만치 않다. 남편

한테 한마디하니, 남편 왈 "요즈음 남자들 다 그렇지 뭐."

　상황 3 : 외출하는 딸아이의 옷차림이 가관이다. 옷차림이 그게 뭐냐고 하니 딸의 대답은 "요즘 애들 다 이렇게 하고 다녀요."

　열거하자면 한도 끝도 없겠다. 여기서 다들 그렇다고 생각하는 것이 바로 잘못된 컨센서스 효과에 의한 착각이다. 모두들 다들이라고 말하고는 있으나 실제로 세어본 적이 있을까? 다들이라면 도대체 몇 명을 말하는 것일까? 주위의 몇 경우를 보고 다들 그렇다고 생각하고 있을 뿐이다. 결국 착각에 빠진 사람이 상대방을 착각에 빠뜨리려고 하고 있는 격이다.

　우리 사회는 한술 더 뜬다. 잘못된 컨센서스 효과가 지나쳐 남들이 자신과 똑같은 생각을 하고 있다고 여기는 정도에 머물지 않는다. 여기서 한 걸음 더 나아가 자기와 똑같이 생각해야만 한다고 억지를 부린다. 그러다 보니 자기와 다른 의견이나 견해를 전혀 용납하려 들지 않는다.

　지난번 월드컵 때, 월드컵에 비판적이었던 프로 야구 관련 사이트가 네티즌의 욕더미에 오른 적이 있다. 생각해보면 스포츠 경기가 축구만이 아니고 또 축구를 싫어하는 사람들이 얼마든지 있을 수 있는 데도 모든 사람이 월드컵에 열중해야 한다고 생각한다.

그 결과 월드컵이 빨리 끝났으면 좋겠다고 말한 프로 야구 사이트의 사람들은 매국노 취급을 받았던 것이다.

요즈음 인터넷 게시판에서 벌어지는 끊임없는 소모전도 이와 다를 바 없다. 지금 웬만한 사이트의 게시판은 자기 주장만을 적어내는 글로 넘칠 뿐 생산적인 토론은 아예 기대할 수 없다. 이것도 다 잘못된 컨센서스 효과에 의한 착각 때문이다. 잘못된 컨센서스 효과에 의한 착각이 지나치다 보니 자기와 다른 견해는 무조건 틀렸고, 그런 말을 하는 사람은 정신 이상자에 틀림없다고 여기는 단세포적인 사고방식이 팽배해진 결과이다.

이뿐 아니다. 잘못된 컨센서스 효과는 돈이 왔다갔다하는 투자에도 심각한 영향을 미친다. 사람들은 이 효과 때문에 자기가 돈을 벌고 있으면 남도 벌고 있을 것이라고 생각한다. 반대로 자기가 잃고 있으면 남들도 잃고 있다고 생각한다. 그러다 보니 투자 대상이나 투자 시기에서 다른 사람들과 똑같은 길을 가기 마련이다.

하지만 투자란 남들과 달리 갈 때 기회가 있는 법. 남들이 안 가는 뒤안길에 대박의 찬스가 있다는 것은 상식이 아닌가? 그럼에도 이러한 잘못된 컨센서스 효과 때문에 남들과 반대로 가는 투자는 기본적으로 어렵다. 개인들이 투자로 큰돈을 벌지 못하는 것에는 잘못된 컨센서스 효과도 한몫을 하고 있다.

자신이 의식하지 못하고 있을 뿐, 잘못된 컨센서스 효과에 의한 착각은 강력하다. 오늘 하루를 곰곰이 생각해보자. "다들 그래요" "다들 그렇지 뭐" "다른 회사도 다 그렇게 하고 있습니다"라는 식의 말을 몇 번이나 했는지.

돈이 최고다

벤처 산업의 몰락은 극적이다. 불과 2,3년 전의 벤처붐을 생각해 보면 격세지감을 느낄 정도로 벤처 업계는 돈 가뭄에 시달리고 있는 모양이다. 투자가 제대로 이루어지지 않으니 돈이 돌지 않아 월급을 못 주는 기업도 적지 않다.

하지만 벤처 업계로서 더 견디기 힘든 것은 사회의 눈이 곱지 않다는 점일 것이다. 진승현 게이트, 정현준 게이트 등의 사건이 표면화되면서 지금 사람들은 벤처 업계를 게이트의 소굴 정도로 여기고 있다. 벤처붐 때 우리나라를 이끌어갈 구세주 취급을 받았던 벤처 업계가 이제는 사기꾼 취급을 받고 있는 것이다.

하긴 벤처붐 때는 해도해도 너무했다. 벤처라는 딱지만 붙으면 주가는 천정부지로 치솟았고 코스닥에 등록하는 것만으로 수천억 원을 거둬줄 수 있었다. 30대의 벤처 기업가들이 우리나라 재산가 순위 상위를 차지했었고 또 이들이 뿌려대는 돈으로 강남의 유흥가는 흥청망청댔다. 이런 분위기에서 벤처 기업가들이 변해갔다. 벤처 산업 초창기의 기술에 대한 열정은 사라지고, 머니 게임에만 열중했다. 한마디로 말해 돈맛을 보고 말았던 것이다. 돈은 사람을 망치기 쉽다. 다음과 같은 실험을 살펴보자.

실험 대상자는 대학생으로 이 실험은 문제 해결에 관한 실험이라는 설명을 들었다. 그리고 나서 실험이 시작되었으며 실험은 3일간에 걸쳐 실시되었다. 과제는 당시 인기가 있었던 '소나' 라는 퍼즐이었다.

실험은 1일 2회 실시되었으며 전반과 후반 사이에는 8분간의 휴식시간이 주어졌다. 이 휴식 시간 중에는 무슨 일을 해도 좋았다. 그대로 퍼즐을 풀어도 좋았고, 옆방으로 가 놓여진 잡지들을 읽어도 괜찮았다.

첫째 날의 실험이 끝난 후 실험자는 "내일도 퍼즐을 과제로 오늘과 마찬가지로 문제 해결을 합니다. 단 내일은 제한 시간 내에 퍼즐을 맞추는 분에게는 한 문제당 1달러씩 드리겠습니다"라고 다음날의 일정을 말해주었다.

둘째 날의 실험도 2회에 걸쳐 실시되었으며, 그 사이에는 역시 8분간의 휴식 시간이 있었다. 예정대로 정답을 맞추면 1달러씩 지불되었다.

3일째에도 같은 방식으로 실험이 이루어졌으나, 첫째 날과 마찬가지로 정답을 맞혀도 보수는 주어지지 않았다. 그리고 실험은 끝나게 되었다.

여기까지 보면 이 실험이 무슨 목적으로 실시되었는지를 전혀 알 수 없다. 이 실험이 진짜로 의도했던 것은 무엇이었을까?

이 실험은 둘째 날 돈을 받게 됨으로써 비롯되는 마음의 변화를 알고자 하는 목적에서 실시되었다. 그리고 비교를 위하여 똑같은 방식으로 실험은 진행되지만, 둘째 날에 퍼즐을 맞추어도 수고비가 주어지지 않는 그룹이 따로 있었다.

이 실험에서 사용된 퍼즐 게임은 학생들 사이에 선풍적인 인기를 끌고 있어 하지 말라고 말려도 서로 하겠다는 흥미진진한 게임이었다. 그 당시의 인기를 보면 오히려 학생들이 돈을 주고서라도 하고 싶어할 정도의 게임이었다.

사회심리학자 데씨(E. L. Deci)는 행동을 두 가지로 구분했다. 스스로 흥미를 느껴 하는 행동을 내발적 동기에 의한 행동이라고 하고, 돈이나 벌 등에 의해 유발된 행동을 외발적 동기에 의한 행동이라고 불렀다.

첫날 퍼즐을 푼 것은 자기가 하고 싶어서 한다는 내발적인 동기가 강했고, 둘째 날에는 돈 때문에 한다는 외발적인 동기가 강했다.

결국 이 실험에서 알고 싶었던 것은 돈이 내발적 동기에 어떠한 영향을 미치는가였다. 따라서 이 실험의 포인트는 학생들이 퍼즐을 얼마나 잘 푸는 것인가가 아니라 휴식 시간을 어떻게 보내느냐였다.

실험 시간에 퍼즐을 푸는 것은 주어진 과제이기 때문에 당연한 것이었지만, 퍼즐이 너무나 재미있는 사람은 휴식 시간에도 퍼즐을 풀 것이다. 반대로 그다지 흥미를 느끼지 못한다면 휴식 시간에는 잡지를 읽는다든지 잠시 눈을 붙이는 식으로 보낼 것이다.

이 실험에서는 휴식 시간 8분간에 학생들이 퍼즐을 푸는 데 보내는 것을 퍼즐에 대한 순수한 흥미, 즉 내발적 동기로 생각했던 것이다. 학생들은 휴식 시간이라고 생각하고 있었지만, 사실은 옆방에서 학생들의 행동을 주의 깊게 체크하고 있었던 것이다.

둘째 날의 휴식 시간의 경우 학생들이 퍼즐에 매달리는 시간이 첫날보다 훨씬 늘어났다. 학생들은 보다 많은 상금을 받을 목적으로 후반 실험에 대비하여 연습을 하고 있었던 것이다.

그런데 3일째에는 사정이 전혀 달랐다. 휴식 시간에 퍼즐을 푸는 시간이 현저하게 줄어들었던 것이다. 3일쯤 같은 퍼즐을 풀다 보니 학생들이 퍼즐에 질렸기 때문이라고 생각할 수도 있겠다. 하지만 비교를 위해 상금을 주지 않고 똑같은 실험을 실시했던 그룹에서는 3일째 오히려 증가했다.

이것을 보면 학생들이 퍼즐에 대한 홍미를 잃어버린 것임에 틀림이 없었다. 돈을 받게 됨으로써 처음의 내발적 동기가 사라지고 말았던 것이다. 돈은 내발적 동기를 조장하는 것이 아니라 오히려 없애는 쪽으로 작용했다.

3일째 휴식 시간에 퍼즐을 풀지 않은 것은 풀어보아야 돈도 받지 못하기 때문이었다. 처음에 돈 때문에 매달린 게임이 아닌데도 둘째 날에 돈을 받고 나서 마음이 변하고 만 것이다. 풀 때마다 돈을 받고 보니, 풀면 돈을 받는다는 것이 당연시되어 역으로 돈을 못 받는다는 것을 알게 되자 퍼즐을 풀지 않게 된 것이다. 내발적 동기가 외발적 동기로 바뀌어 버린 것이다.

"부자 되세요"라는 말이 덕담이 될 수 있는 사회가 바로 우리 사회이다. 어느덧 돈이 가장 중요한 사회적 가치가 되고 만 것이다. 이런 사회 분위기에서 남보다 더 많이 벌겠다는 욕망에 사람들이 사로잡히게 되는 것은 너무나 당연하다. 하지만 돈, 돈, 돈 하다 보면 실험에서도 보았듯이 스스로 무엇을 하겠다는 의욕은 없어진다. 스스로 무엇을 하겠다는 의욕이 없어진 사람들로만 이루어진 사회, 그 사회의 앞날은 뻔하다.

하면 된다?

중요한 경기를 앞둔 선수들이 인터뷰에서 "반드시 이기겠습니다" "죽을 각오로 싸우겠습니다" "젖먹던 힘까지 다 하겠습니다"라는 말들을 자주 한다. 하지만 이런 말을 한 선수일수록 결과가 신통치 않은 경우가 왕왕 있다. 선수 말대로 불타는 투지와 강한 의욕으로 경기에 임했는데도 결과는 왜 그다지 좋지 않을까?

시중에 나와 있는 성공 관련서를 보면 강렬한 신념과 하고야 말겠다는 강한 의욕으로 일에 도전하라는 말을 빼놓지 않는다. 강렬한 의욕이야말로 성공의 궤도로 오르게 하는 추진력이라는 말이다.

이 말이 과연 타당할까? 의욕이 강하면 모든 일을 이룰 수 있는 것일까?

심리학에서 본다면 이것은 착각이다. 의욕이 앞서서 되는 일이 있지만 오히려 그르치는 일도 많다. 세상일에는 해도 안 되는 일도 많은 것이다. 의욕이 너무 앞서면 정서적 혼란을 가져오기 쉽기 때문이다.

학습 이론에는 유명한 '여키즈 닷슨(Yerkes-Dodson)의 법칙'이란 것이 있다. 여키즈 닷슨의 법칙이란 "쉬운 일을 학습할 때에는 의욕이 강하면 성공하기 쉽지만, 반대로 어려운 일을 학습할 때에 강한 의욕은 실패를 부르기 쉽다. 적당한 강도의 의욕이 가장 효과적이다"라는 것이다.

〈그림 1〉과 같은 Y자형의 미로를 만들어 물속에 가라앉힌다. 그런 다음 쥐를 출발 상자(S)에 집어넣어 출발시킨다. 쥐는 미로를 통과하여 불빛이 비추는 목표 지점을 찾아야 한다. 그림의 양쪽 모두 불이 켜지기는 하나 밝기에 차이가 있어서, 밝기가 약한 쪽에는 출구가 없고 보다 밝은 쪽인 G지점으로 가야만 밖으로 나갈 수 있다.

물속을 기어가야 하기 때문에 쥐는 숨을 멈출 수밖에 없다. 숨을 쉬지 않고 목표 지점을 찾아야만 밖으로 나오게 되어 비로소 숨을 쉴 수 있도록 장치는 설계되어 있었다.

실험에서는 좌우의 빛의 밝기를 1: 300, 1: 60, 1: 15로 설정하여 과제의 어려움을 3단계로 나누었다. 또한 출발 상자에 넣어져

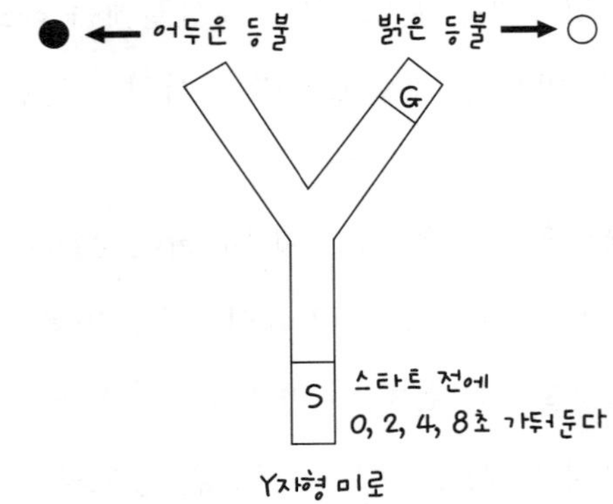

기다리는 시간을 0초, 2초, 4초, 8초로 나누어 쥐의 동기 부여를 4단계로 설정했다. 기다리는 시간이 길면 길수록 숨을 쉬지 못해 괴로울 것이다. 따라서 기다리는 시간이 긴 조건의 쥐는 목표 지점을 찾으려는 의욕이 다른 조건보다 강할 것은 틀림이 없다. 살아남기 위해서는 필사적이 될 수밖에 없으니까. 반대로 출발 상자에 넣어지자마자 출발하는 쥐는 다른 조건의 쥐에 비해 의욕이 낮을 것이라고 여겨진다. 아직 숨이 그다지 막히지는 않을 테니까 말이다.

　실험의 결과를 보면 쉬운 과제, 즉 불빛의 차이가 확연할 경우는 의욕이 강할 때 가장 결과가 좋았지만 어려운 과제, 즉 불빛의 차이가 약할 경우는 중간 정도의 의욕 상태였을 때가 가장 좋았다.

또 다른 실험에서 쥐는 하얀 표시와 검은 표시를 구별할 수 있도록 훈련된다. 구별에 실패하면 전기 쇼크가 주어졌다. 전기 쇼크의 강도를 조절함으로써 쥐의 학습 의욕을 조작했다. 틀렸을 때 강한 쇼크가 주어질수록 쥐의 학습 의욕은 높아질 것은 분명하다. 전기 쇼크를 피하는 데에 필사적일 때니까.

훈련이 완성되는 데까지 걸리는 시간을 비교해보니 강한 쇼크가 주어질수록 시간이 짧아지는 경향이 있었다. 하지만 이것은 과제가 간단할 경우에만 해당되는 결과로, 색의 차이를 줄이는 등 과제를 좀더 어렵게 하면 약한 쇼크에서나 강한 쇼크에서 모두 효과가 없었고, 중간 정도의 쇼크에서 성적이 가장 좋았던 것이다.

〈그림 2〉는 환기 수준에 따라 우리의 행동이 얼마나 효과적인가를 정리한 그래프이다. 여기서 환기란 어떤 행동을 하기 위하여

〈그림 2〉

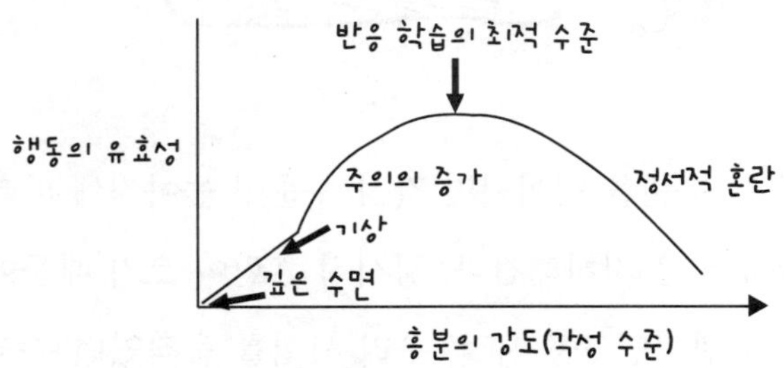

뇌가 흥분해 있는 상태를 말한다. 환기 수준이 높을수록 무슨 일을 하고자 하는 의욕이 높은 것이다.

어려운 작업에서는 각성 수준이 높아짐에 따라 행동의 유효성이 무한정 증가하는 것은 아니다. 그림에 있듯이 행동의 유효성은 역U자 곡선을 그리며 최대가 되는 최적 수준이 있다. 대개 중간 정도의 각성 수준에서 최적 수준이 된다.

일단 이 최적 수준을 넘어서면 각성 수준이 높아짐에 따라 오히려 행동의 유효성은 저하해간다. 정서적 혼란이 오기 때문이다.

군사 문화가 판치던 3공 시절, 우리 사회를 움직였던 주조는 바로 이런 '하면 된다' 는 생각이었다. 군대식으로 까라면 까는 것이고 또 깔 수 있다는 것이다. 또 이런 정신 하에 경제 개발에 매진하여 상당한 수준의 경제 발전을 이룬 것은 사실이다. 물론 부작용도 많았지만 말이다. 가진 것은 없고 몸으로 때울 수밖에 없었던 시절에 이런 정신이라도 없었다면 지금 이 정도의 경제 수준도 불가능했을지 모르겠다.

군사 문화의 잔재가 많이 남은 우리 사회에서는 하면 된다는 식의 사고방식은 아직도 많이 남아 있다. 하지만 지금 우리 사회도 점점 고도화되어가고 있다. 하면 된다라는 식의 생각으로 매달려 보아야 오히려 결과가 나빠지는 사회가 되어가고 있다는 말이다.

툭 하면 음모론

사람들은 왜 그것이 일어났는지를 정확하게 알 수 없는 상황과 마주치게 되면 원인과 결과 사이에 음모론이라는 블랙박스를 집어넣고 나름대로 해석하기를 좋아한다. 오사마 빈 라덴이 9·11 미국 동시다발 테러를 일으킨 것은 선물 옵션으로 막대한 수익을 얻기 위해서였다든지, 영국 다이애너 황태자비의 사고사는 그녀의 재혼을 막기 위한 영국 황실의 음모라든지 하는 식으로 말이다. 어디 이뿐인가. IMF 사태는 한국 경제를 미국 경제에 종속시키기 위한 유대인 자본의 음모였고, LA의 흑인 폭동도 한인 사회를 붕괴시키기 위한 음모였다는 소리에 사람들은 귀를 기울이며 '그럴 수도 있겠다'는 생각을 하곤 한다.

사회적으로 큰 파장을 주는 사건이 일어나면 음모론이 늘어나는 것은 우리나라만의 현상인 것은 물론 아니다. 하지만 다른 나라에 비해 우리나라에서는 음모론이 너무나 횡행하고 심한 경우는 국민적인 공감을 얻기도 하는 데에 문제가 있다. 정치인은 자기에게 불리한 상황이 전개되면 으레 보이지 않는 손을 언급하고고, 외국인이 반복해서 주식을 사들이면 유대 자본 음모론이 고개를 내민다. 아직도 기억하는 사람들이 많겠지만 과거 대선 때의 개표 방송 조작설은 통계의 기초 지식만 있어도 웃어넘길 수 있는 일이었지만, 그것을 특집으로 다룬 월간지조차 있었을 정도로 사회의 관심을 끌었다.

왜 우리 사회에 이렇게 음모론이 횡행하게 되었을까? 정치와 언론을 공작 대상으로 삼던 군사 정부 시절의 잔재일까? 아니면 우리 사회 구성원에 음모론을 좋아하는 특유한 그 무엇이 있는 것일까?

우리 사회가 음모론을 좋아하는 가장 큰 이유는, 우리 사회가 아직 권위주위적인 체질에서 벗어나지 못했기 때문이다. 우리 사회는 표면적으로는 권위주의적인 체질에서 벗어나 상당히 자유로워진 듯하지만, 내부를 조금만 들여다보아도 직장이나 조직에서 인간 관계를 규율하는 데에는 여전히 권위주의적인 요소가 상당히 강하게 작용하고 있다는 것을 알 수 있다.

가령 정치권에서는 가신이니 주군이니 하는 전근대적인 말들을 서슴지 않고 사용하고 있다. 사회의 모든 영역이 정치권의 영향을 받을 수밖에 없는 우리 사회의 분위기에서는 싫든 좋든 권위주의적 인간이 나올 수밖에 없다. 정치권뿐 아니라 관료 사회나 기업에서도 권위주의적인 인간 관계가 조직을 규율하고 있다. 상사와 부하의 관계가 대등한 동료로서가 아니라 충성을 매개로 하는 관계인 경우마저 있다. 특히 관료 사회나 공기업에서 최고 경영진과 직원들과의 관계는 부자 관계를 연상시키는 구석마저 있다. 이러다 보니 회사 안에서도 부하 직원을 부를 때 누구누구야라고 이름만을 부르며 애, 재하는 것이 일반화되어 있다.

사회심리학에서 권위주의적 인간이란 개념은 일세를 풍미했던 이론이다. 아도르노(T. W. Adorno)를 위시하여 나치 정권에 추방당해 미국으로 이주한 사회심리학자들이 파시즘과 나치즘의 심리적인 기반을 밝히기 위해 제2차 세계대전 종전 후 상당한 연구를 수행했다. 이들의 연구에 따르면 권위주의적 인간이란 보통 다음과 같은 특징을 보여준다.

자신이 속한 집단을 과도하게 높이 평가하는 데 반해 다른 집단들은 지나치게 깔보고 경멸한다. 이러한 사람들은 강한 사람들에게는 지나치게 굴종적이며 자신보다 약한 사람들에게는 위력을 과시한다. 사람을 외면적인 기준으로 판단하는 편견을 갖고 있으며, 사람 사이의 인간 관계를 지배-복종을 기준으로 하는 힘의 관계에서 판단하는 경향이 있다.

권위주의적 인간의 전형적인 특징은 우리 사회에 그대로 들어맞는다. 우리는 한국과 한국인을 너무 지나치게 높이 평가한다. 세계에서 제일 우수하다느니, 제일 머리가 좋다느니 하는 식으로 말이다. 그러면서도 다른 나라들, 특히 같은 아시아의 나라들은 애써 무시하려 든다. 중국은 돈이 없다는 이유로 무시하고, 일본은 고대 우리가 문화를 전해주었다는 이유로 애써 낮게 평가한다. 왜 역으로 중국은 고대 우리나라에 문화를 전해주었고, 일본은 지금 돈이 많다는 이유로 높이 평가하지는 않는 것일까?

우리는 잘산다는 서구인에게는 간이라도 빼줄 듯이 친절하지만 동남아시아인은 지나치게 깔본다. 지금 우리나라에서 일하는 외국인 노동자에게 인권유린적인 대우를 한다는 것은 너무나 잘 알려진 사실이다. 강한 사람에게 약하고 약한 사람에게 강한 권위주의적인 인간의 전형적인 특징이다.

권위주의적 인간의 뿌리는 유년기에 체험된 불안감과 무력감이다. 어린 시절의 불안감이나 무력감은 부모에 의하여 무조건적으로 받아들여지지 않은 경험이 있는 경우 생겨난다. 이러한 뿌리깊은 불안감이나 무력감을 가진 사람은 다른 사람을 신뢰하는 것이 곤란하다. 결국 불안감과 무력감을 해소하기 위하여 힘을 가진 권위와 자신을 일체화시키려는 경향이 강해진다.

특히 최근의 연구에서 권위주의적 인간일수록 인지적으로 모호한 상황을 견디지 못한다는 사실이 밝혀졌다. 그 결과 모든 일을 흑백 논리로 해석하는 경향이 있어 회색을 용납하지 못한다. 이것이 바로 우리 사회에 음모론이 횡행하는 심리적인 이유이다.

하지만 세상이란 음모론으로 해석할 수 있을 만큼 그렇게 단순 명쾌한 것은 아니다. 어떠한 현상이나 사건에는 다양한 원인이 있기 마련이고 그 원인들이 복합적인 작용을 함으로써 무엇이 원인인지를 명쾌하게 집어내는 것 자체가 불가능하다. 설사 어떠한 현상에 음모론이 개재되어 있다고 하더라도 그것이 밝혀지는 경우는 드물다.

음모론을 즐기는 것은 인지적으로 모호한 상황에 익숙치 않은 사람들이 심리적인 갈등을 해소하는 방편일 뿐이다. 여기에서 '의도하지 않은 결과' 라는 개념이 중요해진다. 세상 일이란 게 누가 의도했던 대로 돌아가는 것은 결코 아니다. 아무리 강력한 절대 권력자라도 모든 일을 자신의 의도대로 가져갈 수는 없다. 사회 현상이란 하다 보니 그렇게 되는 경우가 많다는 것이다. 잘해 보려 한 것이 오히려 나쁘게 되는 경우도 많다. 개인들의 행동이 모여 전혀 엉뚱한 결과를 빚는 경우마저 있다. 이것을 '의도하지 않은 결과' 라고 한다.

가장 유명한 '의도하지 않은 결과' 라면 경제학자 아담 스미스의 '보이지 않는 손' 일 것이다. 농민이나 상인은 자기의 생활을 유지하고 향상시키기 위해서 물건을 생산하거나 판다. 동시에 이러한 행위는 사회 전체의 부를 증대시키게 된다. 이윤을 추구하는 개인의 행동이 모여 사회 전체의 부가 증대한다는 의도하지 않은 결과를 가져오는 것이다. 농민이나 상인에게 처음부터 사회의 부를 증대시키겠다는 의도는 아예 없었는데도 말이다.

우리 사회의 현상 가운데에는 의도하지 않은 결과로 해석할 수 있는 것들이 상당히 많다. 굳이 음모론을 대입시킬 필요는 없다는 말이다.

가령 여성 차별의 문제를 살펴보자. 잘 알다시피 요즈음의 우리 기업은 사정이 많이 좋아지기는 했지만 모든 것이 근본적으로 해결된 것은 아니다. 그러다 보니 기업들은 투자를 망설이고 신입 사원 채용에도 소극적이다.

사정이 이렇다 보니 졸업생들은 졸업한 지 몇 년이 지나도 제자리를 찾지 못하고 실의의 나날을 보내고 있다. 워낙 취직 자리가 적다 보니 여성들의 취업은 하늘의 별따기인 모양이다. 기업들은 어려울수록 즉시 쓸 수 있는 사람을 원한다. 하지만 대학을 졸업한 학생이 바로 회사에서 제 몫을 다하기는 어렵다. 신입 사원을 제 몫을 다할 수 있는 일군으로 만들어내려면 회사는 교육이라는 투자를 해야 한다.

형편이 넉넉지 않은 회사는 이 투자를 아끼려 신입 사원은 아예 뽑질 않고 경력 사원만 구하는 경우도 많아졌다. 신입 사원을 채용하는 회사의 경우라도 어려운 상황에서 최대의 효과를 거두고자, 그리고 적어도 교육이라는 투자를 회수하려면, 중도 퇴사를 하지 않는 사람을 찾기 마련이다. 하지만 면접 시험에서 자신이 중도 퇴사할 것이라고 밝힐 사람은 아무도 없다. 그렇다면 인사 담당자로서는 과거의 통계를 이용할 수밖에 없다.

만일 과거에 여성의 중도 퇴사율이 높았다는 통계를 갖고 있다면 담당자는 같은 조건이라면 여성보다는 남성을 채용하려 할 것이다. 이것은 인사 담당자가 여성을 차별하기 때문에 일어난 결과는 결코 아니다. 주어진 상황에서 최대의 효과를 거두려 하다 보니 저절로 생겨난 의도하지 않은 결과일 뿐이다. 나타난 결과만을 보면 이 회사의 임직원들은 여성을 차별하는 시대에 뒤떨어진 사람들인 것처럼 보이겠지만, 한 꺼풀 벗겨놓고 본다면 실상은 전혀 그렇지 않다는 말이다. 만일 이 회사 사장이 여성 단체로부터 여성 차별주의자로 비난을 받게 된다면 사장 당사자로서는 울고 싶은 심정일 것이다.

세상이 점점 복잡해져가니 그 일이 왜 일어나게 되는지를 모르는 현상들이 점점 더 많아질 것이다. 또 그때마다 어김없이 음모론은 등장하겠고 또 음모론을 만들어내는 사람들도 있을 것이다.

하지만 한 가지는 알아두자. 음모론으로 해석이 될 수 있을 정도
로 세상이 간단치는 않다는 것을.

지역 감정이라는 착각

사람들은 자신을 둘러싼 세계를 다양한 기준을 이용하여 분류한다. 우리 편과 나쁜 편, 흑과 백, 남과 여, 한국인과 일본인, 불교 신자와 기독교 신자, 살찐 사람과 마른 사람, 좋은 사람과 나쁜 사람이라는 식으로 이런 식으로 분류하는 기준을 사회심리학에서는 카테고리라고 부른다.

우리는 주위 세계를 카테고리에 따라 분류할 뿐만 아니라, 가령 마른 사람은 신경질적이고 살찐 사람은 낙천적이라는 식으로 각 카테고리에 대한 고정된 이미지를 갖고 있다. 그리고 이 이미지에 근거하여 전달되어지는 정보를 처리한다. 사람들은 이렇게 모든 것을 카테고리화시킴으로써, 외부로부터 끊임없이 전달되어 오는 방대한 정보를 정리하고 거기에 의미 부여를 할 수 있는 것이다.

타지펠(H. Tajifel)과 윌크스(A. L. Wilks)는 사람들이 카테고리 화하는 과정이 지각 과정에 편견을 심어준다는 것을 명백히 밝혔다. 그들의 실험을 살펴보자.

실험 재료는 길이가 서로 다른 선분을 그린 8장의 슬라이드였다. 이 8장의 슬라이드는 길이에 따라 두 그룹으로 나누어져 긴 선분들 4개에는 A라는 라벨을, 짧은 선분 4개에는 B라는 라벨을 붙였다. 그리고 나서는 그 선분들의 슬라이드를 무작위로 학생들에게 보여주었다. 그 결과 카테고리 A의 가장 짧은 선분의 길이가 실제보다 상당히 긴 것처럼 학생들은 지각하고 있었다. 마찬가지로 카테고리 B의 가장 긴 선분의 길이는 실제보다도 훨씬 짧게 생각하고 있었다. A그룹은 긴 선분들이고 B그룹은 짧은 선분이다라는 선입견 속에서 정보를 처리한 결과이다.

신장에 따라 그려진 일본인 네 명과 스웨덴인 네 명의 그림을 보여주는 경우도 마찬가지의 결과가 나왔다. 일본인 가운데 가장 키가 큰 사람의 신장은 지나치게 작게, 그리고 스웨덴인 가운데 가장 키가 작은 사람의 신장은 과도하게 크게 평가하고 있었던 것이다. 이 경우도 앞에서와 마찬가지로 일본인은 키가 작다. 그리고 스웨덴인은 키가 크다라는 선입견에서 정보를 처리했기 때문이다.

이러한 현상은 '카테고리간의 대비와 카테고리 내의 동화로 인한 강조 효과'라 부르며, 길이 등의 물리적 성질을 판단할 때만이 아니라 지각 대상의 심리적 속성이나 태도 등을 추정할 때에도 나타난다. 카테고리간의 차이는 되도록 크게 느끼고 카테고리 내의 차이는 되도록 작게 느끼는 현상이다.

사회적 카테고리란, 성이나 민족, 종교, 신조, 출신지 등의 카테고리에 따라 자신이 소속된 내집단과 자신이 소속되지 않은 외집단을 나누는 것을 말한다. 사회적 카테고리에서도 물론 앞서 말한 착각이 일어나며 자신이 직접 관련되어 있기 때문에 착각의 강도는 더욱 크다. 이것이 지역 감정이 일어나는 가장 기본적인 심리적 이유의 하나이다.

카테고리간의 대비로 자기 지역 출신과 다른 지역 출신 간의 차이점을 과도하게 강조한다. 차이가 아예 없는 경우에도 기어코 차이를 찾아내고야 만다.

카테고리 내의 동화로 다른 지역 출신들의 장점은 지나치게 낮게 평가하고 단점은 과도하게 강조한다. 반면 자기 지역 출신의 장점은 지나치게 높이 평가하고 자기 지역 출신들의 단점은 별것 아닌 것처럼 생각한다. 이런 심리로 지역 감정 소유자들은 DJ 때 호남의 인사 편중은 지역 감정의 근원이라고 핏대를 올리면서 과거 3, 5, 6공화국과 YS 때의 인사 편중은 그다지 대수롭지 않게 여긴다.

　여기에 '외집단 동일성 원리'라는 것이 작용한다. 외집단 동일성 원리란 자기가 속하지 않은 외집단은 비슷비슷한 사람들로 구성되었고 자기가 속한 내집단은 각기 개성을 가진 다양한 사람들로 이루어졌다고 생각하는 심리적인 경향을 말한다. 우리가 서양 사람들의 얼굴은 다 비슷하게 보여 잘 구별 못 하지만 우리나라 사람들 얼굴 하나하나는 잘 구분할 수 있는 현상이 일어나는 것은 바로 외집단 동일성 원리 때문이다.

　이 원리 때문에 다른 지역 출신들 또한 다양한 종류의 사람들로 이루어졌다는 것을 인정하지 않고 모두가 다 비슷한 사람들이라고 생각한다. 반면 자기 지역 출신들 사람들은 각기 개성을 가진 다양한 사람들로 이루어졌다고 생각한다. 그 결과 다른 지역 출신들은 한꺼번에 뭉뚱거려 모두가 다 못된 사람이라고 여기지만 자기 지역 출신 가운데에는 못된 사람도 좋은 사람도 있을 수 있다고 생각하는 것이다.

　우리 사회의 지역 감정에서 가장 어처구니없는 것은 지역 감정에는 이유가 있다고 믿는 것이다. 지역 감정의 피해자들은 다 그런 취급을 받을 이유가 있어서 받는다는 논리이다.

　하지만 지역 감정과 같은 편견이란 그런 것이 아니다. 편견을 가질 근거가 희박하거나 아예 존재하지 않아도 집단이 나누어졌다는 이유 하나로 편견을 갖고 차별을 한다는다는 것은 이미 사회 심리학에서 입증된 것이다. 한마디로 말해 지역 감정에 근거가 있다는 생각은 착각일 뿐이라는 것이다.

한 실험을 살펴보자. 이 실험은 집단을 나누는 근거가 희박한 거의 최소 수준이라는 의미에서 최소 조건 실험이라고 불린다.

실험은 대학생을 대상으로 실시되었다. 8명의 대학생을 한 방에 집합시킨 후 수많은 점이 그려진 슬라이드를 아주 짧은 시간 보여준 뒤 점의 수를 추정하여 종이에 적도록 하였다. 학생들은 점을 추정하는 작업을 40번 반복한 후 이와는 전혀 다른 실험에 참가해줄 것을 부탁받았다. 그 실험에서는 전번 실험에서 추정한 점의 수에 따라 대상자가 두 그룹으로 나누어질 것이라는 이야기를 들었다. 즉 점의 수를 많게 추정한 학생들이 한 그룹(과대 추측 그룹)을, 적게 추정한 학생들이 다른 한 그룹(과소 추측 그룹)을 이루게 된 것이다.

또한 이번 실험은 다른 사람에게 실제로 돈을 주는 내용이기 때문에 실험 참가자들은 모두 익명으로 처리되어 번호로 불리어질 것이라는 말도 들었다. 그 후 참가자들은 한 명씩 실험실로 안내되어 자기가 어느 그룹에 속하는지를 알게 되었다.

그림에 있는 매트릭스를 이용하여 가령 자기가 속한 그룹과 그렇지 않은 그룹에 속한 사람들에게 상금을 분배했다.

매트릭스 A

내집단에 주는 돈	1	2	3	4	5	6	7
외집단에 주는 돈	7	6	5	4	3	2	1

매트릭스 B

내집단에 주는 돈	7	9	11	13	15	17	19
외집단에 주는 돈	1	5	9	13	17	21	29

　매트릭스 A를 사용하는 경우는 매트릭스의 오른쪽 부분을 사용하는 분배를 선택하는 경향이 있었다. 자기에게 이익이 되는 것은 아니었지만 자신과 같은 집단에 속했다는 단 한 가지 이유만으로 누군지도 모르는 사람에게 돈을 더 많이 준다는 유리한 선택을 하고 있었던 것이다.

　매트릭스 B를 이용한 실험에서는 더 주목할 만한 결과가 얻어졌다. 학생들은 매트릭스의 왼쪽을 이용하는 분배를 선택하는 경향이 있었던 것이다. 매트릭스 B에서 오른쪽 부분을 이용하면 내집단 사람에게도 이익이 되지만 또 그만큼 외집단 사람에게도 이익이 된다. 학생들은 내집단에 속한 사람의 이익을 줄여서라도 외집단에 속한 사람과 격차를 벌려, 외집단 사람에게 이익이 돌아가지 않는 선택을 하고 있었던 것이다.

사실 이 실험에서 학생들은 자신들이 추정한 점의 수에 따라 그룹으로 나누어진 줄 알았지만 사실은 그저 적당히 나누어진 것이다. 학생들 스스로만 추정한 점의 수에 따라 그룹이 나누어졌다고 믿고 있었던 것이다. 다시 말하면 양 그룹의 구성원 사이에는 아무런 차이가 없었다는 것이다.

이처럼 집단간의 차이가 전혀 없는 경우에도 일단 집단을 구분 짓게 되면 편파적인 행동이 나타나는 것이다.

우리 사회에는 지역 감정을 부추기는 세력들이 분명히 존재한다. 지역 감정으로 덕을 보는 사람들이 있다는 말이다. 편을 가르고 나면 다른 편에 배타적이 되는 것이 사람들의 기본적인 심리일진대, 배타적이 되도록 부추기고 선동하는 세력이 있다면 그 끝이 어찌 될 것인가는 너무나 뻔하고 그것이 우리의 현상이다.

점이 판치는 나라

우리나라는 점 왕국이다. 현재 활동하는 무속인이 20만 명, 역술인이 15만 명에 달하고 이들을 통한 복채가 1조 3,000억 원에 달한다. 점이 아니라 역술 산업이라고 그럴듯하게 부르기에 부족함이 없는 규모이다.

점은 인터넷 세계에도 뿌리를 내려 현재 운영 중인 운세 관련 인터넷 사이트가 1,000여 곳에 이르고, 수익 모델의 부재로 고민하던 대형 인터넷 포털 사이트까지도 역술 사업에서 숨통을 찾고 있다. 그 결과 사람들이 많이 모이는 대규모의 사이트에는 무료, 유료의 운세 코너가 만들어져 네티즌의 지갑을 노리고 있다.

인터넷만이 아니라 오프라인 매체들은 한술 더 뜬다. 여성지나 주간지는 물론 여론을 선도한다는 내로라하는 신문에도 운세 코너가 빠짐없이 마련되어 독자들은 일일 운세를 보면서 하루를 시작한다. 왜 이렇게 점으로 넘쳐나는 사회가 되고 말았을까? 점이란 과연 맞는 것일까?

웬만한 한국 사람이라면 자신의 점을 적어도 한 번쯤은 본 적이 있을 것이다. 본인이 직접 보지는 않았더라도 부모나 형제, 배우자를 통하여서라도 점을 본 경우는 많으리라. 개중에는 무슨 일만 있으면 점쟁이에게로 달려가는 중독자들도 있을 것이다.

그런데 점친 내용이 실제로 들어맞는 경우가 왕왕 있다. 신년 신수에 올해는 교통 사고 당할 우려가 있으니 조심을 하라는 소리를 들었는데 얼마 지나지 않아 실제로 교통 사고를 당하는 식으로 말이다. 이쯤 되면 그 점쟁이는 대단히 용한 사람이라고 여길 것이며 사주팔자에는 무슨 근거가 있는 것이라고 확신을 하게 될 것이다.

하지만 이것은 잘못된 생각이다. 이러한 것은 사회심리학적으로 충분히 설명이 가능하다.

점을 맞는다고 생각하는 심리에 대해서 알아보자. 우선 '예언의 자기 성취'라는 현상이 있다. 예언의 자기 성취란 모호한 정보에 바탕한 기대가 현실이 되어 되돌아오는 현상을 의미한다. 한 예로 자기 자식을 매일 한심하다고 구박하면 결국은 한심한 사람이 되어버리고, 반대로 영리하다고 칭찬을 하다 보면 정말로 영리한 사람이 되는 것, 바로 우리 속담의 '말이 씨가 된다는 것' 이 바로 예언의 자기 성취이다.

점을 믿는 사람이라면 신년 초에 본 신수의 내용과 일치하는 현상이 일어날 것을 기대하는 심리가 있다. 이것을 '예단(豫斷)의 함정' 이라고 부른다. 혼기를 앞둔 처녀가 올해는 결혼할 운세이고 3월경에는 배우자감과 마주칠 것이라는 말을 점쟁이로부터 들었다 치자. 이 여성이 점을 믿는 사람이라면 이러한 이야기는 머릿속에 강력히 기억될 것이고 3월을 은근히 기다리기까지 할 것이다. 그러다 만일 3월에 어떤 남성을 소개받게 된다면 이 사람이 내 배우자감인가 보다라는 생각이 들 것이다. 설사 옛날에는 거들

떠보지도 않았던 타입이라고 하더라도 그 남성에 특별한 호감을 갖게 될 것이고, 그러다 보면 점에 나타난 대로 올해 안에 결혼하게 될 가능성은 100퍼센트에 달할 것이다. 이것은 점이 맞은 것이 아니라 점의 내용대로 기대하고 또 그 기대를 받아들여 거기에 부합하는 대로 행동을 한 결과에 지나지 않는다.

두번째로는 '바넘(Barnum) 효과'라는 것이 있다. 이것은 성격 검사에서 누구에게나 들어맞는 해석을 사람들이 정확하다고 생각하는 경향을 말한다. 바넘은 대규모의 서커스단을 조직한 미국의 유명한 흥행사로 "모든 사람에게 조금씩이라도 좋으니 무엇인가를(a little something for everyone)"이라는 모토 하에 공연을 해 상당한 인기를 거둔 인물이다. 그의 공연의 모토를 따서 누구에게나 들어맞는 해석을 '바넘 타입'이라 부르고 바넘 타입이 사람들에 수용되는 것을 '바넘 효과'라 부른다.

다음의 문장은 심리학에 관심이 있는 사람들의 성격에 관한 것이다. 당신에게는 어느 정도 들어맞을까?

"자기 자신에게 비판적이고 자신이 내린 결정에 불안을 느낄 때가 있다. 사람들이 나를 좋아해주기를 바라고 있고, 사교적으로 처신할 때도 있다. 그러나 내향적이고 수줍음을 타는 부분도 있다. 성격적으로는 약한 면도 있지만 다른 측면으로 보완하고 있다. 지금 이성 문제로 고민하고 있다."

이 문장을 읽고 자기에게 들어맞는다고 생각하는 사람이 많을 것이다. 사실 이것은 심리학에 관심이 있는 사람들의 성격을 묘사한 것이 아니라, 누구나 '자기에게 맞는다'라고 느낄 수 있도록 씌어진 문장일 뿐이다.

점을 쳐보면 점쟁이들이 하는 말의 상당 부분은 누구에게나 들어 맞는 것이 대부분이다. 앞의 예에서 3월경에 배우자감과 마주치게 될 것이라는 말도 그렇다. 요즈음같이 남녀 교제의 기회가 많은 세상에서 이 말이 들어맞지 않을 미혼 여성이 얼마나 될까. 이 말은 점을 본 여성만이 아니라 다른 모든 여성에게도 맞을 수 있는 말이다. 이처럼 누구에게나 해당되는 말을 사람들이 정확하다고 생각하는 경향이 바로 바넘 효과이다.

특히 사람들은 다음과 같은 경우에 잘 믿는 경향이 있다는 것이 다양한 실험을 통하여 보고되었다.

우선 정보가 자기에게 좋은 내용일 때이다. 이 경우는 어찌 보면 믿는 것이 아니라 믿고 싶어하는 것일지도 모른다.

둘째는, 정보의 내용이 모호하고 추상적일 때이다. 이러한 경우 어떠한 해석도 가능하니 사람들은 자기 좋은 쪽으로 해석해가면서 믿고 싶어하기 마련이다.

셋째는, 정보 제공자의 지위나 평판, 전문성이 높을 때이다. 특히 성격 검사에서는 임상가의 지위나 전문성이 높을 때 사람들이 믿는 경향이 두드러진다.

결국 점이 맞는다고 생각하는 케이스의 상당 부분은 예언의 자기 성취 과정과 바넘 효과로 설명이 가능하다는 말이다.

물론 점을 봄으로써 심리적인 안정을 얻을 수 있는 등의 부수적인 효과는 있다. 사람이 어려운 처지에 빠지면 누구나 지푸라기라도 잡고 싶은 심정이 된다. 이런 상황에서 앞으로 좋아진다는 단 한마디가 큰 위안이 될 수 있다. 이런 식의 심리적인 안정을 위해서라든지 재미 삼아 점을 보는 것이야 큰 문제가 없다. 하지만 점이 미래를 맞춘다고 생각하면서 점 본 내용에 목을 매는 것은 모두가 착각의 소치이다. 부적이나 굿에 거액을 들인다는 것은 더더욱 미련하다. 점이란 맞는 것보다 안 맞는 것들이 더 많은 것이다. 기억의 자기 중심성 때문에 자기에게 유리한 것만을 기억하고 있어서 점이 맞는 듯이 보이는 경우가 많을 뿐이다.

이 말에 의심이 가면 몇 년 전 우리나라를 떠들썩하게 했던 저명한 점술인들이 쓴 몇 권의 책들을 꼼꼼히 읽어보라. 그리고 책의 내용과 그 뒤 실제로 진행된 일들과 비교해보라. 나름대로의 결론이 나올 것이다.

9장

현대 사회는 조직 사회이다.
조직을 위해 개인이 희생할 것인가,
개인을 위해 조직이 존재할 것인가.
조직 사회에서 일어나는 다양한
착각 현상을 살펴보자.

조직이 우선인가 개인이 우선인가

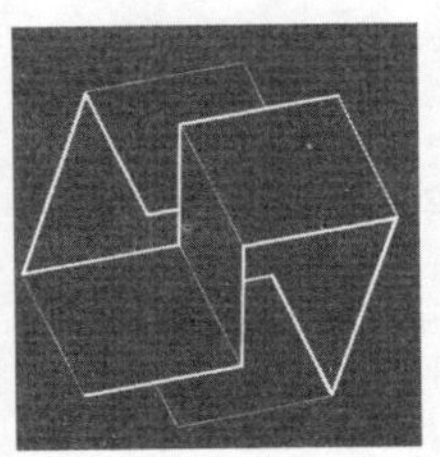

월급의 패러독스

월급쟁이에게 월급만큼 중요한 것은 없다. 더구나 이미 돈이 최고 가치가 되어버린 사회에서 보다 많은 월급을 받겠다는 것은 직장인 누구나가 바라고 있는 욕망이다. 월급을 많이 받아야 생활이 안정되고, 생활이 안정되어야 일할 의욕도 더 생기고 일할 맛도 나는 것이 아니겠는가? 과연 그럴까? 대답은 "아니올시다"이다.

다음과 같은 실험을 살펴보자.

이 실험은 달성 행동에 관한 것이라는 설명을 듣고 대학생들은 다음과 같은 두 가지의 과제를 30분간 수행하도록 지시받았다.

1) 오른손만을 사용하여 실패 12개를 접시에 얹는 단순한 작업이다.
   다 얹은 다음에는 다시 접시를 비우고 똑같은 작업을 다시 시작한다.

2) 나사가 48개 박혀 있는 나무판이 주어져 각 나사들을 순서대로 박고 다 박고, 난 후는 반대로 돌려 다시 뺀다. 이 작업을 계속 반복한다.

피험자들이 과제를 수행하고 있는 동안 실험자들은 스톱워치로 시간을 재거나 기록 용지에 무엇인가를 적는 척하고 있다. 하지만 이것은 피험자들이 이 과제를 달성 행동에 관한 실험이라고 믿게 하기 위한 연기일 뿐이었다. 실제로 이것은 본격적인 실험에 들어가기 위한 준비 단계로, 따분하기 짝이 없는 일을 1시간 동안 시키는 것이 이 단계의 목적이었다.

이 작업이 끝난 후 실험자는 다음과 같이 설명을 했다.

"실험이 끝났기 때문에 설명을 드리겠습니다. 실험에는 2가지 조건이 있어 한 조건에서는 실험에 필요한 것 이외에는 아무런 설명도 없이 작업을 시작합니다. 여러분이 이 조건에 해당됩니다. 또 다른 한 조건에서는 미리 이 실험은 재미있는 것이라는 기대를 품게 하고 여러분이 한 작업을 하도록 되어 있습니다. 이 조건에서는 한 학생이 피험자인 척하며 대기실에서 기다리고 있는 학생들에게 '지금 실험을 막 끝냈는데, 실험 내용이 참 재미있더군요' 라고 말하도록 되어 있습니다."

그리고 나서 대기실에서 학생들에게 재미있다고 말하는 역할을
하는 학생이 오늘 사정상 오지 못했다고 하면서 그 역할을 해줄
수 없겠느냐는 부탁을 받는다. 물론 수고비는 지불한다는 이야기
였다. 본심과는 반대되는 말을 하라는 부탁이었지만 수고비 때문
인지 대다수는 이 요구에 응했다.

이 부탁에 응하면, 곧 대기실로 이동하게 된다. 대기실에는 이
미 한 여학생이 기다리고 있었다. 실험자는 여학생에게 지금 막
실험을 끝낸 누구누구라고 남학생을 소개하곤 "잠시만"이라며 자
리를 뜬다.

실험이 참 재미있었다고 남학생이 말하면 여학생은 다음과 같
이 말하며 남학생의 아픈 구석을 찌른다.

"어, 의외네요. 제 친구 하나가 지난주 이 실험에 참가했었는데
굉장히 따분했다고 하던데…… 너무 재미없으니까 저보고 참가
하지 말라고 했어요."

사실 이 여학생은 실험에 참가하러 온 학생이 아니라 실험 협력
자여서 이렇게 말하도록 미리 짜여져 있었던 것이다.

대개의 남학생들은 예상치 않은 이 말에 당황했겠지만 그래도
아니라고 하면서 실험이 정말 재미있었다고 강조했다. 이렇게 말
하면 여학생은 납득을 하는 듯했다.

2분 후 실험자가 다시 돌아와 남학생을 다른 방으로 데리고 갔

다. 그리고 다음번 실험을 위해 필요하다고 하면서 실험이 얼마나 흥미있었나 등을 묻는 설문지를 기입하도록 부탁했다.

여기에서 여학생에게 말을 해주는 수고비에 따라 학생들은 두 그룹으로 나뉘어 있었다. 한 그룹은 1달러를 받았고, 다른 한 그룹은 20달러를 받았다. 이 실험이 실시되었던 1959년의 물가 수준을 감안해보면 말 몇 마디 해주는 것으로 20달러를 받는다는 것은 상당한 수고비에 해당된다.

인지적 불협화 이론에 따르면 '실험은 대단히 따분했다'라는 인지와 '대단히 따분했음에도 불구하고 다른 사람에게는 재미있다고 말했다'라는 인지는 모순되어 불협화를 이룬다. 그 결과 불쾌감을 느끼게 되어 어떤 식으로라도 마음의 안정을 찾으려고 한다. 수고비가 많았을 경우는 돈 때문에 그럴 수밖에 없었다고 합리화하면서 불협화를 없앨 수 있다. 문제는 1달러라는 돈으로 거짓말을 해야 했던 학생들의 경우이다. 이 경우는 돈 때문에 거짓말을 했다고 합리화시킬 수는 없다. 합리화시키기에 1달러라는 돈은 너무나 적다. 그렇다면 다른 수단으로 불협화를 저감시켜야 한다. 심리적인 안정을 찾기는 찾아야 하니까.

이 경우 '다른 사람에게 거짓말을 했다'라는 사실은 이미 저지른 일이니까 바꿀 수가 없다. 바꿀 수 있는 것은 '실험은 대단히 따분했다'라는 인지뿐이다. 그 결과 이 학생들은 실제로 실험이 약간은 재미있었다고 생각하게 되는 것이다. 자신의 거짓말을 자신이 믿게 되고 마는 것이다.

이 실험에서 보듯이 적은 보수가 오히려 일에 대한 호의도를 증가시키는 것이다. 보수를 많이 받으면 돈 때문에 그 일을 했다고 생각하기 쉽기 때문에 일 자체에 대한 매력이 떨어진다.

직장인의 경우도 다를 바 없다. 월급을 많이 받으면 자기가 돈 때문에 일을 하고 있다고 생각하여 자신이 맡은 일에 대한 매력이 떨어진다. 반면 월급을 적게 받으면 설사 맡은 일이 판에 박은 듯이 따분한 일이라도 매력을 강하게 느낀다는 것이다. '내가 돈 때문에 회사 다니나, 일이 좋아서 다니지'라고 생각하면서……

지금은 평생 직장이라는 개념은 없어져가고 있다. 보다 많은 월급을 받는다는 것은 직장인의 기본적인 욕망이겠지만 지금 하는 일이 보다 더 큰 일을 하기 위한 준비 단계라고 생각하는 사람은 월급에 연연할 필요는 없다. 월급에 지나치게 집착하다 보면 일 자체에 대한 매력이 떨어져 일을 제대로 배우기 힘들기 때문이다.

그래도 월급이 많은 게 좋다고? 필자도 물론 그렇다.

팀워크는 과연 만능인가?

스포츠 경기에서만이 아니라 기업에서도 팀워크만이 살 길인 양 말하는 경향이 있다. 일사불란한 팀워크로 일에 매달리면 문제 해결이 용이하고 커다란 목표를 쉽게 달성할 수 있다고 믿기 때문이다. 이러다 보니 팀워크야말로 마법이며 절대선인 양 여기는 풍조마저 있다. 항간에 유행하는 인사나 조직 관련 서적들은 이러한 경향을 더욱 부채질하고 있다.

팀워크란 결국 다양한 부문의 사람들의 일관된 협력 작업이다. 그렇다면 과연 팀 전체가 매달리는 협동 작업에서 구성원 모두가 최선을 다한다고 자신 있게 이야기할 수 있을까? 집단이 되다 보면 개인들이 최대의 능력을 발휘하기보다는 오히려 일을 대충대충 처리하게 되는 것은 아닐까?

이런 가능성이 있을지도 모른다는 것을 최초로 연구한 사람은 독일의 링글만(M. Ringlemann)이었다. 그는 줄다리기에서 인원 수에 따라 개인들이 어느 정도의 힘을 발휘하는가를 측정함으로 써 과연 협동 작업이 개인의 최대한의 능력을 끌어내고 있는가를 조사하였다. 그 결과 한 사람이 당길 때를 100으로 하면 2명일 경 우에는 93퍼센트, 3명일 때는 85퍼센트, 8명일 때에는 겨우 49퍼 센트의 힘을 낼 뿐이라는 것이 밝혀졌다.

링글만의 연구 이후 협동 작업이 오히려 비능률적일지도 모른 다는 문제는 사람들의 관심에서 사라져갔다. 집단이 됨으로써 감 소되는 노력의 양과, 곁에 누가 있음으로써 초래되는 효율의 저하 를 분리시킬 수 없었기 때문이다.

그 후 50여 년이 지나, 라타네(B. Latane)를 중심으로 한 연구자 들에 의해 이 분야가 새롭게 주목을 받게 되었다. 그들이 실험에 사용한 방법은 피험자에게 소리를 지르게 하여 그 음량을 측정하 는 것이었다. 피험자는 눈이 가려지고 귀에는 소음 헤드폰이 착용 되어 보지도 듣지도 못하는 상태로 만들었다. 다른 사람들의 소리 가 들리지 않게 하기 위해서이다.

이런 상태에서 먼저 피험자가 한 사람일 경우, 두 사람일 경우, 여섯 사람일 경우(집단 조건)의 음량이 측정되었다. 또 다른 실험 으로, 피험자는 두 명, 여섯 명이 함께 소리를 지르고 있다고 생각하지만 실제로는 한 사람이 소리를 지르고 있는 경우(위장 집단 조건)의 음량도 측정되었다. 그 결과는 〈그림 1〉과 같다. 혼자서 소리를 지르고 있을 때의 음량과 실제로는 혼자서 소리를 지르고 있지만 피험자가 다른 사람과 함께라고 여기는 위장 집단에서의 음량의 차는 순수하게 심리적인 과정에서 생겨났으며 라타네와 그의 동료들은 이것을 '사회적 태만' 이라고 불렀다.

〈그림1〉

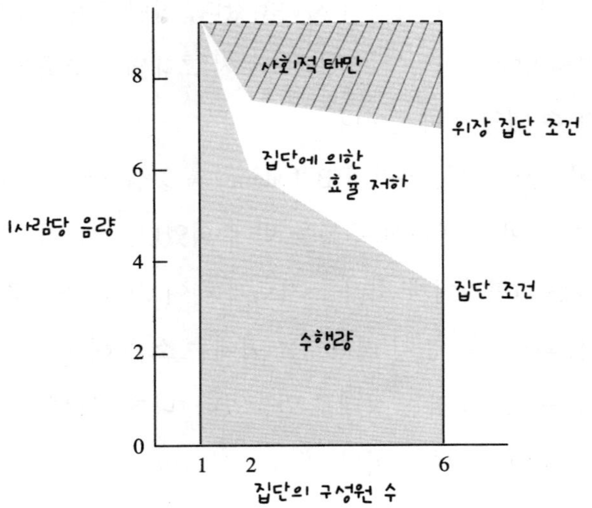

집단이 심리적으로만 존재하는 위장 집단일 때의 수행량과 옆에 누가 있음으로써 방해가 되어 저하된 수행량의 차이가 **집단에 의한 효율저하**이며, 맨 위의 빗금 부분만을 **사회적 태만**이라고 부를 수 있다.

집단이 심리적으로 존재할 때만 발생하는 수행량의 저하와 집단이 제대로 기능하지 않기 때문에 발생하는 수행량의 저하를 훌륭하게 분리시킬 수 있었던 것이다.

그렇다면 집단이 되면 왜 사회적 태만이 일어나는 것일까?

윌리엄즈(K. Williams)와 동료들은 이 문제를 다음과 같은 실험을 통하여 규명했다. 그들은 남자 대학생 108명을 대상으로 하여 지난번과 마찬가지로 소리지르는 음량을 측정하는 방법을 사용했다.

대학생들은 4인 1조가 되어 "실험의 목적은 감각 차단이 발성량에 미치는 영향을 살펴보는 것"이라는 거짓 설명을 들었다. 대학생들은 눈이 가리워졌고 귀에는 소음 헤드폰이 착용되었다. 그리고 나서 대학생들은 한 명씩, 두 명씩, 혹은 네 명씩 소리를 지르게 되는데, 가능한 한 큰 소리를 질러달라는 부탁을 받았다.

대학생들은 다음과 같은 세 조건 가운데 하나에 배당되어 다음과 같은 설명을 들었다.

1) 혼자서 소리를 지를 때만 개인 평가가 가능한 조건.

　"당신들의 목소리는 녹음되어 컴퓨터로 분석됩니다. 집단의 경우 각 개인의 성량은 측정할 수 없지만 혼자서 소리를 지를 경우는 측정이 가능합니다."

2) 개인 평가 가능 조건.

"당신들의 목소리는 녹음되어 컴퓨터로 분석됩니다. 집단일 경우는 물론 혼자서 소리를 지를 경우도 성량이 측정됩니다."

3) 개인 평가 불가능 조건.

"당신들의 목소리는 녹음되어 성량의 합계가 컴퓨터로 분석됩니다. 따라서 집단의 경우는 물론 혼자서 소리를 지를 때에도 성량의 크기는 측정되지 않습니다."

이러한 설명을 들은 후 피험자들은 혼자서, 두 명 혹은 네 명이서 소리를 질러야 했고 실제로는 혼자서 소리를 지르고 있지만 피험자들 두 명, 혹은 네 명이 소리를 지르고 있다고 믿는 위장 집단 조건에서도 소리를 질렀다. 그 결과를 나타낸 것이 〈그림 2〉이다.

각 조건의 결과를 살펴보자.

우선 혼자서 소리를 지를 때만 개인 평가가 가능한 조건을 보면, 혼자서 소리를 지르고 있을 경우 개인 평가가 가능한 조건과 별 차이가 없다. 하지만 개인 평가가 이루어지지 않는, 즉 피험자가 개인 평가가 이루어지지 않는다고 믿는 두 명, 네 명이 소리를 지르는 경우에서는 발성량이 확 줄어들어 다른 조건에 비해 현저하게 낮아진다.

혼자서 할 경우 자신의 노력이 확연하게 드러나지만 여럿이 할

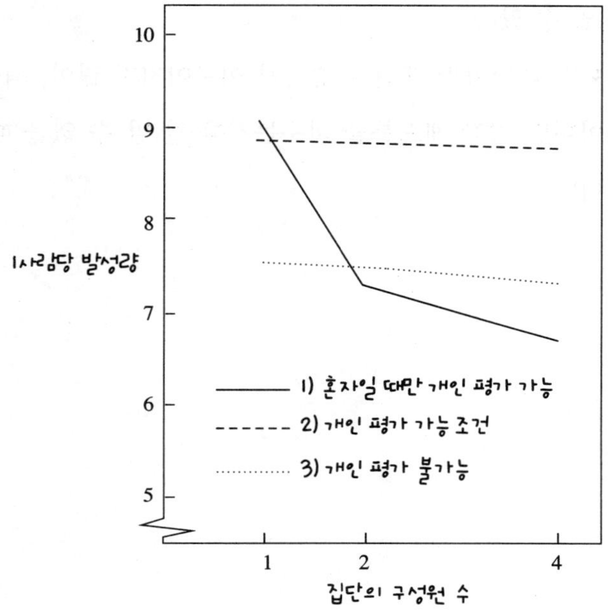

때에는 개인별 공헌도가 확실하지 않은 현실과 가장 가까운 조건이다.

두번째인 개인 평가가 가능한 조건에서는 혼자일 때나 여럿일 때나 발성량에 별 차이가 없어, 개인 평가가 가능한 조건에서는 사회적 태만이 일어나지 않았다는 것을 알 수가 있다.

세번째인 개인 평가가 불가능한 조건에서는 혼자일 때나 여럿일 때나 발성량에 별 차이가 없는 것은 개인 평가가 가능한 조건과 마찬가지였지만, 그 수치가 훨씬 떨어져 사회적 태만이 일어났다는 것을 알 수 있다.

결국 사회적 태만이란 개인의 평가가 이루어지지 않아, 최선을 다하는지 아니면 약간 게으름을 피우는지를 잘 알 수 없을 때 발생하는 것이다.

출세하더니 사람 달라졌네

A씨는 만년 과장이다. 능력도 있고 동료들 사이에 신망도 높은 편이다. 하지만 사원 시절 노동조합 결성에 관여했던 게 경영진의 눈 밖에 나 승진에서 탈락을 거듭했다. 그러다 보니 지금은 까마득한 후배가 직속 상관으로 앉아 있는 딱한 신세가 되고 말았다. 돈도 없고 변변한 아이템도 없어 자기 사업은 꿈도 꾸지 못한다. 그의 말대로 그저 죽지 못해 회사에 다니고 있을 뿐이다.

그러다 보니 회사에 대해 불평불만만 쌓이고 근무 의욕 또한 높을 리 없다. 단지 술자리에서 상사들을 씹는 것이 유일한 낙이다. 그런 탓인지 회사에 불만이 많은 동료나 부하 직원에게는 인기가 많아 술자리가 끊이지 않았다. 어느새 회사 내 어둠의 자식들의 리더격이 되고 만 것이다.

그러던 어느 날 A씨에게는 꿈도 꾸지 않았던 행운이 찾아 들었다. 정권이 바뀌면서 야인 생활을 하던 A씨의 형이 고위 공무원으로 발탁된 것이다. 알아서 긴 회사측이 두 자리나 승진시켜 이사대우로 발령을 냈다.

승진과 함께 A씨는 변했다. 우선 행동이 바뀌었다. 이사에 걸맞은 행동을 할 뿐만 아니라 사고방식조차도 회사 중심이 되고 만 것이다. 과거의 불평불만이 있을 리 없다. 한마디로 이사다워진 것이다. 표변한 그를 두고 "이사 자리가 좋긴 좋군. 사람이 확 달라지니 말야" 하는 옛 술동료들의 비아냥도 귀에 들어올 리가 없다.

A씨의 경우처럼 어떤 역할을 맡게 되다 보면 그 역할에 부합하는 가치관이나 태도를 자연스레 받아들여 과거와 완전히 달라지는 경우가 왕왕 있다. 역할의 내면화가 이루어져 역할에 맞게 사람이 변하기 때문이다. 이러한 현상은 정도의 차이는 있을망정 누구에게나 일어나는 현상이다.

영화에서 연인역을 맡았던 남녀 연기자가 결국은 결혼에까지 이르게 되는 경우를 우리는 자주 본다. 이것도 바로 역할의 내면화에서 비롯된 결과이다. 연기자는 촬영 도중 그 역할을 내면화한다. 역할을 내면화하면 할수록 좋은 연기가 나오기 때문이다. 연인역을 내면화하다 보면 영화 속의 상대가 진짜로 좋아질 수밖에 없다. 그것이 일상 생활로까지 이어져 결국은 결혼으로 골인하게 된다. 그만큼 역할의 내면화란 무서운 것이다.

역할의 중요성을 얘기할 때면 빠지지 않는 사회심리학의 연구가 있다. 바로 짐바르도(P. G. Zimbardo)의 실험인데 이것은 윤리적인 문제로 중도에 포기해야 할 만큼 쇼킹한 결과를 보여주었던 것으로도 유명한 실험이다.

이 실험의 대상은 신문 광고를 보고 찾아온 일반인들이다. 하루 15달러의 보수로 실험 참가를 희망한 75명의 일반인들은 우선 철저한 예비 조사를 받아야 했다. 본인이나 가족이 반사회적 행위에 가담한 적이 있는가, 정신질환을 앓은 적이 있는가 등이 면밀히 체크되었다. 그 결과 개중에서도 심신이 안정되고 모든 면에서 지극히 건전하다고 여겨진 21명이 선발되었다. 이 21명을 제비뽑기로 나누어 10명은 죄수, 11명은 간수의 역할을 맡게 했다. 피험자들에게는 연구의 내용이 상세하게 설명되었으며 준비된 계약서에 서명을 한 후 각기 집으로 돌아갔다.

며칠 후 죄수역을 맡은 피험자들은 실험에 협력해준 경찰에 의해 정식으로 연행되었다. 집 근처에서 체포된 이들에게는 수갑이 채워졌다. 경찰서에서 일반적인 피의자들과 똑같은 취조를 받은 후 지문이 채취되었다. 그리고 나선 눈이 가려진 채로 대학 내의 모의 감옥에 수감되었다. 이들은 등과 가슴에 수인 번호가 적혀진 죄수복을 입은 채로 한 방에 3명씩 수감된 채 24시간을 감방 안에서 지내게 되었다. 특별히 주어진 일은 없었으며 감방에서 24시간을 보내기면 하면 되는 어찌 보면 상당히 편한 일이었다.

한편 간수의 역할을 맡은 이들은 짐바르도 형무소장과 간수장을 맡은 학부 학생들의 지휘 감독 하에 8시간씩의 근무를 하게 되었다. 1일 3교대로 8시간 근무였고 그 외의 시간은 각자 귀가하여 일상적인 생활을 하면 되었다.

간수들에게는 이러한 역할은 제비뽑기로 결정되었을 뿐이며 그들이 간수 역할을 맡게 된 것도 우연에 지나지 않는다는 것이 철저하게 주지되었다. 자신들이 간수에 적합하기 때문에 간수역을 맡게 되었다는 오해를 불식시키기 위함이다. 체벌이나 폭력은 철저히 금지되는 대신 구체적인 행동지침은 주어지지 않았다. 죄수를 감시하는 역할만 수행하면 되는 것이다.

간수들은 경찰봉과 호루라기를 지녔고 물론 복장은 카키색의 간수복을 착용했다. 죄수는 앞에서도 말했듯이 등과 가슴에 번호가 새겨진 줄무늬 죄수복을 입었고 발에는 족쇄가 채워졌다. 죄수들에 대한 호칭은 이름이 아니라 103호라는 식의 번호가 대신했다.

얼마 지나지 않아 죄수와 간수의 행동에 미묘한 차이가 나타나기 시작했다. 즉 역할의 내면화가 시작된 것이다. 우선 말투에서 차이가 드러났다. 간수들에게는 명령조의 말이 입에 배었고 죄수들은 지극히 수동적인 어투가 되었다. 또한 간수들은 금지된 체벌 대신 말로 죄수를 모욕하는 경향이 두드러졌다.

간수들은 죄수들의 반항적인 태도는 물론 일상적인 질문이나 농담 따위에도 민감하게 반응해 공격적인 태도를 취했다. 그러자 죄수들은 그저 그냥 있는 게 상책이라는 듯 아무런 반응도 보이지 않고 우두커니 앉아 있을 뿐이었다. 죄수들이 아무런 반응을 보이지 않아도 간수들의 공격적인 행동은 시간이 경과할수록 두드러져갔다. 식사를 제공하는 그들의 의무에서 조차도 무슨 선심이나 쓰는 듯이 거만한 태도를 보였다.

간수들은 그들이 맡은 역할을 대단히 마음에 들어하는 모양이었다. 교대 시간에 늦는 사람은 전혀 없을 정도였다. 교대하는 팀에서 가장 공격적인 사람이 리더의 역할을 맡는 것이 관찰되었다.

실험 이틀째가 되자 죄수의 상태가 심각해졌다. 10명 가운데에서 5명이 흐느껴 울거나 분노를 폭발시켰고 우울증 등의 병적 증세를 나타내기 시작했다. 증세가 심각해 5명은 이틀째에 석방시켰으며 그 중의 한 명은 치료를 요할 정도의 심인성 발진 증세를 보이기까지 했다.

결국 이 실험은 6일째에 중지되었다. 피험자들의 역할 내면화가 예상 외로 심각해, 후유증이 우려되었기 때문이다.

왜 이러한 현상이 벌어졌을까. 짐바르도는 다음과 같이 설명하고 있다. 우선 가장 큰 이유는 죄수들의 정체성 상실이다. 이들은 번호로 불리어졌고 이름을 아는 사람은 아무도 없었다. 사람들은 일상 생활에서 이름이나 직위로 불리어지게 마련이다. 상상해보라. 당신의 이름을 아는 사람은 하나도 없고 번호로만 불리울 때, 당신의 심정이 어떠할까를.

두번째로 간수의 무제한적인 권력 행사이다. 간수들은 그들에게 주어진 권한을 확대 해석하여 식사나 세면 등 자기들이 해야만 하는 일조차도 큰 권력이라도 되는 양 착각하는 경향이 있었다. 즉 식사를 제공하는 것조차도 죄수들이 얌전하게 있었던 것에 대한 보상이라는 식으로 행동하는 것이었다.

세번째로는 복종과 무기력이다. 이처럼 간수들의 무제한적인 통제를 받는 상황에서 죄수는 복종할 수밖에 없어 학습성 무력감에 빠지고 만 것이다. 학습성 무력감이란 자신의 힘으로 대처할 수 없는 상황을 경험한 사람은 자신이 대처할 수 있는 상황에 처하더라도 전혀 해결하려고 시도조차 하지 않거나 시도하더라도 그 반응 속도가 지극히 늦는 것을 말한다. 이 상태에 빠지면 감정적 균형이 무너져 위기에 대처하려는 의욕도 사라지고 불안과 우울이 감정을 지배한다.

이 실험에 참여한 사람들은 미국 사회에서 지극히 정상적인 사람들이다. 정상적인 사람들도 역할이 달라졌다는 단 한 가지 이유만으로 이처럼 달라지는 것이다.

이렇게 보면 앞서 A씨가 달라지는 것은 너무나 당연한 일이다. 그것을 두고 "출세하더니 사람 달라졌네. 더러워서라도 출세해야지, 원"이라고 비아냥거려보아야 다 부질없는 일이다. 사람이란 역할에 따라 바뀌어야 하고 바뀌지 않는 것이 오히려 이상한 것이니까 말이다.

신고식은 세게 하라

요즈음은 좀 뜸해졌지만 해마다 신학기 철이면 빼놓지 않고 일어나는 사건이 있었다. 신입생 환영회라는 명목으로 벌어진 술판에서 정도를 넘어서는 음주를 못 이긴 학생들이 사망하는 사건이다.

선배들이 억지로 먹이는 바람에 냉면 사발로 소주를 마시고 귀가하던 중, 혹은 음주 후 자다가 구토물이 목에 걸려 사망했다는 식이다. 자식들의 새로운 장래에 가슴 부풀었던 학부모들에게는 마른 하늘에 날벼락이리라. 음주를 강요했던 선배들 또한 일생 지울 수 없는 마음의 상처를 입게 된다. 이런 유의 사건이 보도되면 무절제를 개탄하는 여론이 비등하지만, 그때뿐, 음주에 관대한 우리 사회 분위기 탓인지 쉽사리 잊혀져버린다.

물론 신입생 환영회에서 과도하게 술을 마시게 하는 것은 우리나라만의 특수한 현상은 아니다. 얼마 전 미국에서, 신입생 환영회에서 과도한 음주로 사망한 학생의 부모들이 학교를 상대로 소송을 내 승소를 거두었다는 보도를 보면 그쪽에서도 드문 현상은 아닌 듯하다.

일본의 경우도 대학가 주점에 가보면 "잇키, 잇키(一氣, 一氣)"라고 외치며 1,000cc 생맥주컵에 담긴 술을 단숨에 들이키라고 재촉하는 모습을 흔히 대할 수 있다. 물론 담긴 술은 맥주이니 그보다 훨씬 독한 소주 마시기를 강요하는 우리보다는 훨씬 애교가 있지만……

대학 사회뿐 아니라 성인 사회에서도 사정은 마찬가지이다. 신입 사원 환영회 등에서 냉면 사발로 소주 마시기를 강요하는 것은 드문 일이 아니고 심한 경우에는 냉면 사발에 소주뿐 아니라 온갖 잡동사니를 집어넣고 마시기를 강요한다니, 당하는 입장으로서는 웃을 수도 울 수도 없는 노릇이리라.

이러한 식으로 집단에 새롭게 들어오는 구성원에게 환영을 겸하여 행해지는 의례를 총칭하여 가입 의례(initiation)라 한다. 신입생, 신입 사원 환영회는 물론 가입 의례의 전형이라고 할 수 있다. 가입 의례의 기능이라면 새로운 구성원들에게 집단 의식을 고양시키고 집단에 대한 충성도나 기존의 집단 구성원에 대한 호의도를 증가시킨다는 점에 있다.

입회 의례에는 엄격한 것도 있고, 체면치레 정도로 형식에 그치는 것도 있다. 요즈음은 어떤지 모르겠지만 예전 군대에서 군기를 잡고 사회물을 뺀다는 명목으로 갓 입대한 신병에게 행해지던, 굴러, 박어의 연속은 엄격한 가입 의례의 전형이다. 반면 간단한 선배들의 환영사로 끝을 맺는 것은 체면치레 정도로 쉬운 편에 속할 것이다.

어느 편이 효과가 있을까. 다시 말하면 어떠한 식의 가입 의례가 집단에 대한 충성도와 기존 구성원에 대한 호감도를 높이게 될까.

이러한 문제를 두고 애론슨(E. Aronson)과 밀즈(J. Mills)는 다음과 같은 실험을 하였다.

우선 실험의 대상은 성에 관한 토론을 하는 서클에 가입 신청을 한 여자 대학생들이다. 가입을 희망하는 여학생들을 우선 세 그룹으로 나누었다. 첫번째 그룹은 아무런 가입 의례 없이 참가를 희망하는 즉시 무조건 가입이 허락되었다. 두번째 그룹의 경우 중간 정도의 가입 의례를 거쳐야 했다. 남자 학생들 앞에서 성에 관한 단어 리스트를 읽는 것이 과제였다. 성에 관한 토론을 여러 사람 앞에서 거리낌 없이 할 수 있느냐 여부를 테스트한다는 것이 명목이었다. 리스트에 적힌 단어들은 성에 관한 것이기는 해도 그렇게 적나라하지는 않았다.

　마지막 그룹은 가장 엄격한 가입 의례를 거쳐야 했다. 그들에게
주어진 과제는 두번째 그룹과 비슷했지만 그 정도가 훨씬 심했다.
두번째 그룹은 단순한 단어인데 비하여 이들은 이른바 '포 레터
워드(four-letter-word)'로 시종일관하는 포르노 소설의 클라이맥
스 부분을 남자 대학생 앞에서 읽어야만 했다. 여기서도 적기 어
려울 정도로 노골적인 장면을 생면부지의 남자들 앞에서 읽는다
는 것은 여간 용기를 필요로 하는 것이 아니었다. 더구나 이 실험
이 실시되었던 1959년은 성 혁명이라는 말은 존재하지도 않던 성
적 보수 시대였다. 성에 관해 보수적이기만 한 여학생으로 생판
처음 보는 남자들 앞에서 포르노 소설을 읽기란 여간 고역이 아니
었으리라. 성에 관해 개방적인 지금도 모르는 남자들 앞에서 성적

으로 노골적인 묘사를 거리낌 없이 읽어댈 수 있는 여대생은 그리 흔치는 않을 것이다.

이러한 경과를 거쳐 세 그룹의 학생 모두에게 가입이 허락되었다. 가입이 허락된 여학생들은 본격적인 토론에 앞서 기존 회원들이 토의하는 것을 다른 방에서 인터폰으로 듣게 되었다. 서클의 성격을 파악하기 위해서이다. 그런데 이 토의란 것이 미리 녹음된 가공의 것이었으며, 그 내용 또한 곤충의 생식 행동에 관한 따분하기 이를 데 없는 것이었다. 수치심을 이겨가며 가입에 성공한 사람들의 기대를 뿌리째 뒤엎는 내용이었다. 개미가 어떤 식으로 하든 그게 무슨 상관이란 말인가.

여하튼 따분하기 그지없는 토의를 들은 뒤 피험자들은 토의 내용에 흥미를 느꼈는가, 기존 회원들에 대하여는 어떻게 생각하는가 등을 평가했다.

이 실험의 결과를 보면 가장 엄격한 가입 조건, 즉 생면부지의 남성들 앞에서 포르노의 클라이맥스 장면을 읽어야 했던 여학생들이 토론의 내용이 재미있었다고 평가했고 클럽의 구성원에 대한 호의도도 높았다.

왜 가입 조건이 엄격하면 엄격할수록 그 집단에 대한 매력이 높아지는 것일까?

이러한 현상은 사회심리학의 인지적 불협화 이론으로 설명이 가능하다.

인지적 불협화 이론으로 실험 결과를 해석해보자.

마지막 그룹에 속한 피험자에게는, 생면부지의 남자들 앞에서 포르노 소설을 읽었다는 인지와 토론의 내용이 형편없었다는 인지의 두 가지 인지가 있을 것이다. 두 가지 인지 사이에는 불협화가 있다. 그런 어려움을 거쳐 가입했다면 토론의 내용이 흥미진진해도 시원치 않은데, 그 내용이란 게 곤충의 생식에 관한 것이라니. 불협화 정도가 아니라 이런 형편없는 토론을 하려고 그런 어려움을 겪었느냐는 탄식마저 나올 지경일 것이다. 불협화의 정도는 가입 의례가 엄격하면 할수록 클 것이고, 희망 즉시 가입이 허락된 그룹에서는 비교적 적을 것이다.

인지적 불협화는 불쾌감을 환기시키기 때문에 정신 건강을 위해서 이러한 불쾌감을 낮추려는 동기가 필연적으로 생기게 마련이다. 그런데 문제는 이 두 가지 인지 가운데에서 바꿀 수 있는 것은 토의 내용이 재미없었다라는 생각뿐이라는 점이다. 남자들 앞에서 포르노 소설을 읽었다는 것은 이미 엎질러진 물이니 주워 담을 수 없다. 결국 가능한 것을 의식적이든 무의식적이든 선택할 수밖에 없고, 그 결과 토의 내용이 재미있었다고 생각할 수밖에 없는 것이다.

이 실험의 결과를 보고 이번 신입 사원 환영회에서는 냉면 사발로 먹여야겠군이라고 생각하고 있다면 그것은 대단한 착각이다. 이 실험에서 중요한 것은 토의된 주제가 상당히 진부했다는 것, 그리고 그냥 두면 집단 자체에 대한 평가도 낮을 수밖에 없었다는 점이다. 만일 토론 내용이 재미있었다면 결과는 어떠했을까? 각 그룹간에 호의도의 차이는 전혀 없었을 것이다.

결국 자기 회사나 조직에 자부심를 갖는 경우에는 굳이 엄한 가입 의례를 치를 필요는 없다는 것이다. 예전 군대를 생각해보자. 입대를 앞둔 장정들이 군대를 과연 높이 평가하고 있었을까? 이제 죽었다라고 생각하니 입영 열차가 떠날 때면 눈물바다가 되었던 것이 아닐까? 그런 점에서 입대하자마자 가혹한 통과 의례를 시켰던 것이다. 말이야 사회물을 뺀다는 것이었지만 그렇게 함으로써 군대에 대한 호감도와 충성도를 높이기 위한 조치였던 것이다.

이처럼 자기가 속한 집단이 형편없다는 평가를 받는다고 생각한다면 가입 의례는 엄격하게 해도 좋다. 하지만 이튿날 그들이 출근하리라고는 장담할 수 없다.

뭉치면 살고 흩어지면 죽는다

조직의 구성원과 마찬가지로 조직 자체가 착각에 빠지기도 한다. 바로 '집단 사고(groupthink)'라는 착각이다. 집단 사고라는 말은 조지 오웰의 유명한 소설 『1984년』에 나오는 '이중 사고(double-think)'라는 말을 흉내내서 사회심리학자 재니스(I. L. Janis)가 만들어낸 말이다.

그는 미국의 쿠바 침공, 월남전의 확대, 워터게이트 도청 등 미국 정부가 내린 잘못된 결정들을 면밀히 검토한 결과 이 결정들에는 공통적인 특징이 있다는 것을 발견했다. 이 결정들은 형식적으로는 토론이라는 합리적인 절차를 통하여 도출되었던 것이지만 모두 집단 사고에 의해 지배받은 오류였다는 점이다.

집단 사고란 "자기가 속한 집단, 즉 내집단의 압력에 의하여 지금 생각하고 있는 것들이 현실에 적절하게 들어맞는가의 여부를 검증하는 힘이나 문제의 도덕적 측면에 대한 비판력이 훼손되는 것"을 말한다.

집단 사고가 나타나게 되는 과정은 다음과 같다.

사이가 아주 좋은 집단 등 내집단이라고 불리우는 집단에서는 집단에 대한 매력이 높아, 그 속에서 서로의 의견에 동의를 구하는 강한 의견 일치 추구 경향이 나타난다.

둘째, 이러한 집단의 구성원들은 서로 비슷한 가치관을 소유하고 있으며, 모두가 같은 스트레스를 느끼는 상황에서는 같이 있고 싶다, 같이 행동하고 싶다는 친화 욕구가 일어난다.

셋째, 이런 욕구에서 자기 집단에 동조하라는 압력이 높아져 집단 사고가 발생하기 쉽다.

모두가 같은 생각을 하고 있다는 데에서 과도한 낙관주의에 빠지게 되며, 그 결과 사태에 적절히 대응하지 못하여 자기들이 적대시하는 집단의 약점이나 잘못된 점에 대한 슬로건적인 사고에 빠지기 쉽다. 그 결과 집단의 결정이 실패할 가능성이 높아진다.

다시 말하면 동질성이 강한 구성원들로 이루어져 매사에 만장일치를 강조하는 집단에서, 다른 대안을 무시한 채 특정 결정에만 집착할 때 나타나는 사고방식이다. 재니스는 집단 사고의 증상을 다음과 같이 설명했다.

우선 다른 집단에 대한 편향적인 지각을 들 수 있다. 쿠바 침공 사건 때의 경우 미국 정부의 결정권자들은 쿠바의 카스트로를 지나칠 정도로 낮게 평가하였다. 그 결과 쿠바에 1,400명의 망명자만 파견하면서도 쿠바의 정규군 20만 명에 맞서 승리할 수 있다는 헛된 자신감에 빠져들고 말았다.

둘째로는, 자신들의 도덕성에 대한 착각이다. 그들은 민주주의를 지킨다는 명분은 정당하지 않은 수단조차도 정당화시켜주리라 믿었다. 그 결과 쿠바 침공은 강대국이 약소국을 침략하는 것이었지만 결정권자들은 그 계획의 도덕성을 전혀 문제 삼지 않았다.

셋째로는, 만장일치라는 증상이 있다. 위원회는 CIA가 제출한 계획이 유일한 방안이라는 데에 동의하고 나중에는 마지못해 토의하는 시늉만 했다. 이런 만장일치의 분위기에서는 반대의 의견을 가진 사람이라도 제대로 자기 의사를 표현하기가 쉽지 않다. 그 결과 위원들 가운데에는 이 계획에 반대 의견을 가진 사람도 있었지만 만장일치라는 분위기에 휩쓸려 마지못해 찬성한 경우도 있었다.

넷째로는, 잘못된 의사결정 책략을 들 수 있다. 회의에서는 다양한 선택지를 두고 토의가 벌어져야 함에도 불구하고 위원회에서는 쿠바를 공격할 것이냐 아니면 쿠바를 공산주의자에게 넘겨줄 것이냐는 극단적인 두 선택을 두고 토의가 집중되었다.

그렇다면 이러한 집단 사고가 일어나는 원인은 무엇일까?

우선 집단 구성원간의 높은 응집성이다. 높은 응집성이란 여러 가지로 정의될 수 있지만 쉽게 말하면 집단 구성원들이 동질적이고 끈끈한 인간 관계로 맺어진 집단이라는 것을 말한다. 재니스는 집단 사고의 여러 원인들 중에서 응집성을 가장 중요시하였다. 물론 응집성이 높은 집단 모두가 집단 사고의 희생물이 되는 것은 아니다. 하지만 응집성이 높으면 높을수록 집단 사고에 빠질 가능성이 많아지고 이는 의사결정 시 중대한 오류를 가져올 개연성으로 귀결된다고 생각하였다. 쿠바 침공 시 자문 위원들의 대다수는 친한 친구 사이였고 위원회에 대한 헌신도도 높았다. 특히 케네디 대통령의 친동생인 법무장관 로버트 케네디는 위원회를 말할 때 "우리"라는 표현을 자주 사용함으로써 위원회와의 일체감을 아낌없이 드러냈다.

둘째는, 리더십의 문제이다. 케네디 대통령은 회의가 시작되면 자신의 의견을 명확하게 밝힘으로써 반대 의견이 표명되는 길을 원천적으로 봉쇄해버렸다. 이럼에도 반대 의견을 말하는 사람이 있을 경우 위원 모두가 그를 이단자로 몰아가는 분위기가 형성되어 자유로운 의견 개진이 불가능하게 된 것이 위원회를 집단 사고에 빠뜨린 주요 원인이 되고 말았다.

세번째로는, 자문 위원회가 다른 전문가 집단으로부터 고립되어 있었다는 점을 들 수 있다. 침공 계획의 은밀성을 강조한 나머지 모든 과정을 비밀리에 진행시킴으로써 중지를 모을 기회를 없앤 것도 집단 사고의 한 원인이 되었다.

집단 사고에 의한 착각은 집단의 구성원이 동질적일 때, 그리고 그들의 동질성이 강하면 강할수록 반드시라고 해도 좋을 정도로 나타난다. 그래서 다양한 사람들이 모인 집단이, 겉으로는 삐걱거리는 듯해도 바람직하다는 이야기이다. 우리 사회가 안고 있는 가장 큰 숙제의 하나는 권력 집단의 동질성을 어떻게 하면 낮출 수 있느냐는 문제일 것이다.

10장

이번 장에서는
우리를 착각에 빠뜨리는 기법들을 살펴본다.
모두가 사회심리학에서
효과가 입증된 수법들이다.

착각을 일으키는 4가지 기법

Foot In The Door 기법

점차 큰 요구를 해나가면서 승낙을 얻어내려는 방법이 있다. 처음에는 상대가 들어주기 쉬운 요구, 다시 말하면 승낙을 해도 시간이나 돈이 별로 들지 않는 요구를 한다. 상대가 일단 그것을 들어주고 나면 그 다음 수순으로 처음보다 큰 요구를 해나간다. 부탁하는 쪽에서 본다면 처음의 요구는 미끼였고, 두번째 요구가 원래 의도했던 것이다.

이것을 '풋 인 더 도어(foot in the door)' 기법이라고 부른다. '풋 인 더 도어'란 방문 판매원이 현관문이 열리는 순간 문을 다시 닫지 못하도록 발을 문틈에 밀어넣는 동작을 묘사한 것이다.

세일즈맨의 입장에서 본다면 상품을 팔기 위해서는 우선 문을 열게 해야만 한다. 하지만 이것이 그리 간단치 않다. 문이 열리는 듯하다가도 초인종을 누른 사람이 판매원이란 것을 알게 되는 순간 문를 닫아버리고 말기 때문이다. 판매원에게는 이 순간이 승부를 결정짓는 순간이다. 문을 열게 되면 그 다음은 의외로 부드럽게 전개될 수 있기 때문이다. 발을 문틈으로 밀어넣어, "안 사셔서도 좋으니 잠시만 제 말을 들어주십시오"라고 간절하게 부탁한다. 상품을 사지 않아도 되고 이야기만 들어주면 된다는 아주 쉬운 부탁을 상대에게 하는 셈이 된다.

　집주인이 거절을 못 하고 문을 열어주게 되면 그때부터 이야기는 달라진다.

문을 연 입장에서 본다면, 일단 첫번째 부탁을 들어준 셈이 된다. 일단 첫번째 부탁을 들어주고 나면 두번째 부탁에도 거절을 하기 힘든 것이 사람이다. 사람에게는 자신이 남의 부탁을 잘 들어주는 사람이라고 일단 생각하게 되면 다음번 부탁을 거절하지 못하는 경향이 있다.

왜 첫번째 부탁을 들어주고 나면 두번째 부탁을 거절하기 힘든 것일까? 인지적 불협화 이론에 따르면 '판매원에게 문을 열어주었다' 라는 생각과 '이 상품을 살 마음이 없다' 라는 처음의 생각이 모순되어 마음속에는 불협화가 생겨난다. 상대방에게 문을 열어주었다는 사실은 바꿀 수가 없기 때문에 '이 상품을 살 마음이 없다' 라는 처음의 생각을 바꾸어 마음의 평형을 유지하려 든다. 결과적으로는 상품을 살지도 모르기 때문에 문을 열어주었다고 생각하게 되고, 결국 상품을 구입할 가능성이 높아지는 것이다.

이 방법이 얼마나 효과가 있는지는 다음과 같은 실험을 살펴보면 잘 알 수 있다.

이 실험의 참가자는 미국 캘리포니아 주에 거주하는 112명의 주민이다. 이 가운데 105명은 여성이다. 우선 실험자가 각 가정을 방문하여 안전 운전에 관한 의뢰를 했다. 각 가정에 의뢰한 내용은 가정이나 차의 창에 스티커를 붙인다거나, 서명을 하는 등의 간단한 것이다.

그로부터 2주 후, 첫번째와는 다른 실험자가 같은 가정들을 방문해 서툰 글씨체로 "안전 운전을 합시다"라고 씌어진 커다란 간판을 정원에 세워놓아줄 것을 부탁했다. 이 간판은 너무나 우스꽝스럽게 만들어져 정원에 놓아두면 정원의 이미지를 완전히 망치게 하는 것이다.

실험자들은 비교를 위해 몇 가정에는 처음의 의뢰는 하지 않고 간판만 세워놓아주기를 부탁했다.

처음부터 간판을 놓아달라고 부탁했을 때의 승낙률은 17퍼센트에 지나지 않았지만, 간단한 부탁을 하고 난 뒤의 두번째 부탁일 경우의 그것은 47~76퍼센트에 달했다.

또 다른 실험 하나를 살펴보자.

부탁의 내용은 가정주부를 대상으로 "조사원 몇 명이 댁을 방문하여, 벽장과 수납고에 있는 가재 도구를 전부 끄집어내 조사하고 싶습니다. 시간은 2시간 정도 걸립니다. 허락해주시겠습니까"라는 것이었다. 프라이버시를 존중하는 가정주부로서 들어주기 어려운 부탁이다.

실험자들은 본격적인 부탁을 하기 3일 전에 각 가정에 미리 전화를 걸어 간단한 부탁을 했다. 가정에 있는 가재 도구에 관해서 질문을 하는 것이 그 내용이었고 여기에 대부분이 응했다.

3일 후 다시 전화를 걸어 어려운 부탁을 했을 때, 첫번째 부탁을 들어주었던 경우는 52.8퍼센트가 요구에 응해주었다. 하지만 사전 접촉 없이 갑자기 전화를 걸어 부탁을 했던 경우는 단지 22.2퍼센트만이 허락했을 뿐이다.

이러한 풋 인 더 도어 기법은 우리의 일상 생활에서 흔히 사용된다. 그리고 우리는 이 기법에 대하여 경험적으로 잘 알고 있고 누가 그 뻔한 수법에 속겠느냐는 생각을 할지도 모른다. 하지만 애석하게도 직접 풋 인 더 도어 상황에 마주치면 대개는 속고 마는 것이 현실이다. 우리가 순간적으로 착각을 해 평상심을 잃어버리기 때문이다.

Door In The Face 기법

앞서와는 달리 큰 것을 부탁하고 그 다음에 작은 부탁을 하는 수법이 있다. 처음에는 일부러 상대방이 들어주기 힘든 부탁을 해 일단 거절하게 만든다. 그 후 첫번째 부탁보다 들어주기 쉬운 부탁을 다시 하는 것이다. 부탁하는 측으로서는 일단 양보를 한 셈이 된다. 부탁 받은 측도 상대방이 양보했다고 여겨 자신도 양보를 할 수밖에 없다고 생각하게 되는 심리를 이용하는 것이다.

처음의 큰 요구는 상대방의 반응을 보기 위한 수단이다. 부탁 자체가 자신의 힘에 겨우니 대개는 거절을 하기 마련이다. 하지만 들어준다면 부탁하는 측으로서는 목적했던 것 이상을 달성할 수 있다. 부탁하는 측으로서는 들어주어도 좋고 안 들어주어도 좋았던 것이다. 대개는 거절을 하기 마련이고 그 후에 타협점을 다시 찾아간다.

사람은 남이 부탁한 것을 들어주지 못하면 정도의 차이는 있을 망정 누구나 죄책감을 느낀다. 부탁을 못 들어주어서 미안하다고 생각하는 것이다. 이렇게 미안한 마음에 사로잡혀 있을 때 다시 자기가 들어줄 수 있는 정도의 부탁을 들으면 응낙하기 쉬운 것이 사람의 마음이다.

이 방법은 '도어 인 더 페이스(door in the face)' 기법이라고 불리운다. '도어 인 더 페이스'란 문이 열리는 듯했지만, 세일즈맨이라는 것을 알자마자 눈앞에서 갑자기 문이 닫혀버리는 상황을 묘사한 것이다. 즉 상대로부터 거절당한 상황을 의미한다.

이런 상황에서 상대방이 들어줄 수 있는 부탁을 다시 하라는 것이 바로 도어 인 더 페이스 기법인 것이다,

이 실험의 효과를 측정한 찰디니(R. B. Chialdini)의 다음과 같은 실험을 살펴보자.

실험에서는 통행인에게 비행 청소년을 돌보아주는 자원 봉사 활동을 부탁했다. 첫번째 부탁은 비행 청소년의 상담을 2년 동안 주 2회씩 해달라는 것으로, 생업에 종사하는 사람이 승낙하기에는 너무나 어려운 것이었다. 생활에 쫓기는 사람이 주 2회씩 시간을 내어 그것도 2년간이나 계속해야 된다는 것은 도저히 들어주기 어려운 부탁이다. 사람들은 물론 거절을 했다.

그러면 실험자들은 즉시 다음과 같은 부탁을 다시 했다. 부탁의 내용은 비행 청소년들을 동물원에 데리고 가서 같이 놀아달라는 것이다. 보수는 전혀 없는 자원 봉사이고 시간은 2시간 정도면 충분하다는 이야기였다.

결과를 비교하기 위해서 다른 한 그룹에게는 첫번째 부탁은 생략하고 두번째 부탁을 직접 했다.

결과를 보면 첫번째 부탁을 일단 거절하고 두번째 부탁을 받은 사람의 겨우는 50퍼센트가 승낙했지만, 두번째 부탁만을 받은 사람들의 경우는 17퍼센트만 응했을 뿐이다.

사람들은 일단 거절하고 나니 미안한 마음도 들고 또 자신이 비행 청소년을 돌보는 것에는 관심도 없는 비정한 사람처럼 보이는 것이 싫어서라도 두번째 부탁을 들어주는 것이다.

이 수법은 우리의 일상 생활에서 수없이 사용된다. 정부가 여론을 떠보기 위해서도 자주 사용한다. 국민에게 부담이 되는 조치를 취하려고 할 때 우선 세게 불러보는 것이다. 그리고 나서 여론의 추이를 보면서 살핀다. 그리고 시간이 조금 지난 후 원래 계획했던 것을 내놓는 것이다.

얼마 전 문제가 되었던 담배 부담금의 경우를 살펴보자. 뜬금 없이 보험 재정을 건전하게 하기 위해서는 담배 부담금을 200원에서 500원 정도 올리는 방안을 검토하고 있다는 보도가 나온

다. 이 보도를 보고 너무 한 것 아니냐고 여기저기서 불만의 소리
가 터져나온다. 언론도 한 목소리로 질타했다. 결국은 여야 협의
를 거쳐 150원으로 결정된다. 원래 인상 계획은 150원이었던 것
이다.

　정부는 여론을 반영한 셈이 되고, 사람들은 처음 들었던 것보다
는 50~350원이 떨어졌으니 괜히 이익을 본 듯해서 잠자코 있기
마련이다. 언론은 언론대로 자신의 입장이 반영된 듯해서 더 이상
반대는 하지 못한다. 처음부터 150원을 올릴 계획이라고 말했다
면 최종적으로는 150원 이하에서 결정되었을 것이다.

　이처럼 도어 인 더 페이스 기법도 경험적으로는 누구나 알고 있
지만 그 효과는 의외로 높다. 사람이란 어찌 보면 알면서도 속는
경우가 많은 것이다.

Low Ball 기법

사람들의 착각을 끌어내는 세번째의 수법으로, 바람직한 조건이나 특전을 붙여서 상대의 승낙을 얻어낸 다음에는 그럴듯한 이유를 붙여 앞서 제시한 호조건의 일부를 취소해버리는 방법이 있다. 고객이 좋은 조건에 끌려 일단 계약을 해버리면, 설사 그 조건이 유효하지 않다고 하더라도 결정을 번복하고 싶어하지 않는다는 심리를 이용한 것이다.

이러한 수법을 '로우 볼(low ball)' 기법이라고 한다. 상대방이 받기 쉽도록 공을 낮게 던지는 상황을 묘사한 것이다. 우선은 상대방이 받기 좋은 공을 던지고 그 후에 받기 어려운 공을 던지라는 의미이다. 즉 상대방이 받아들이기 쉬운 좋은 조건을 먼저 제시하는 것을 의미한다.

이 방법은 고가의 상품을 팔 때 주로 쓰인다. 사람들은 자동차와 같이 고가의 상품을 구입할 때에는 여러 가지 요인을 따져가며 신중하게 구매를 결정한다. 차의 성능은 물론, 스타일, 차의 색깔, 가격, 유지비, 세금 등의 여러 가지 요인을 참작해서 차를 사는 것이 보통이다.

자동차 영업소를 찾아가 영업 직원과 이야기를 나누다 보면 영업 직원은 고객의 결정을 빨리 이끌어내기 위해서 여러 가지 좋은 조건을 제시한다. 가령 카 내비케이터나 스테레오를 공짜로 끼워 주겠다는 식이다. 듣고 보니 괜찮은 조건이라고 생각한 고객은 일단 구입을 결정한다. 영업 직원은 "영업소장에게 확인을 하고 오겠습니다"라며 자리를 뜬다. 그리고 얼마 후 다시 돌아와서는 "대단히 죄송합니다만, 제가 착각을 했습니다. 카 내비게이터는 이 가격으로는 힘들다는군요"라며 대단히 미안한 표정을 짓는다.

이 상황에서 "이거 사기 아냐? 그만둡시다"라고 말하고 매장을 나올 수도 있겠지만, 대개는 "그래요? 어쩔 수 없죠, 뭐"라며 계약을 하기 마련이다. 사겠다고 말한 이상 그것을 번복한다는 것이 마음에 걸리기 때문이다.

콘도 등의 판매에도 이 수법은 흔히 사용된다. "공동으로 구입하면 단돈 500만 원으로 리조트맨션을 구입할 수 있습니다"라는 매력적인 조건으로 유혹, 감언이설로 고객이 구입하도록 만든다.

그 후 바람직하지 않은 조건을 하나씩 하나씩 내밀어가는 것이다. 관리비로 연 50만 원이 필요하다든지, 성수기에는 사람이 많이 몰려 3, 4일밖에 쓸 수 없다는 식으로 말이다. 사정이 이렇게 되도 사람들은 해약을 쉽게 하지 못한다.

로우 볼 기법이 상당한 효과를 거둔다는 것을 밝힌 실험은 많이 있다. 찰디니의 다음과 같은 실험을 살펴보자.

실험의 내용은 아주 간단한 것이다. 대학생들에게 전화를 걸어 이번 심리학의 실험에 참가해주겠느냐고 묻는 것이다. 학생들이 별다른 생각없이 실험에 참가하겠다면 즉시 다음과 같이 말한다. "그러면 수요일이나 목요일 아침 7시까지 연구실로 와 주세요"라고.

대수롭지 않게 생각하고 승낙했던 대학생들로서는 아침 7시까지 오라는 소리에 난감하기 그지없었을 것이다. 특히 야행성의 학생들에게는 이런 고역이 없을 것이다. 집이 멀다면 5시에는 일어나야 되니 말이다. 그럼에도 일단 참가하겠다고 승낙을 했던 학생들의 56퍼센트는 7시까지 오라는 예상 밖의 요구에도 응했다.

비교를 위하여 처음부터 실험이 이루어지는 시간을 명시하여 아침 7시에 시작되는 실험에 참가해주지 않겠느냐고 부탁한 학생들의 경우는 단지 32퍼센트만이 승낙했을 뿐이다.

왜 이런 결과가 나타나는 것일까. 어찌 보면 단순하기 짝이 없는 로우 볼 기법이 효과를 거두는 것은 무슨 이유에서일까? 찰디니는 그 이유를 이렇게 설명하고 있다. 사람들은 대부분 자신의 결정에 책임을 져야 한다고 생각한다. 설사 의외의 사태가 발생한다고 하더라도 그 생각에는 변함이 없다. 그 결정을 내린 것은 다름 아닌 자기 자신이기 때문이라는 것이다.

우리 사회에는 자신의 생각을 일단 표명하면 거기에 부합하는 행동을 취하는 것이 가치 있고, 반대로 언행이 일치하지 않는 사람은 신용하기 힘들다라는 암묵적인 룰이 있다. 우리들은 이 룰에 따라 자신이 말했던 대로 행동해 나가는 경향이 있다.

세일즈맨은 우리의 이런 경향을 교묘하게 이용하여 판매에 이용하고 있는 것이다.

That's Not All 기법

특전을 제거하는 앞의 방법과 정반대로 구매를 망설이는 고객에게 프리미엄을 붙여주어 구매하도록 만드는 수법이다. 자동차를 살까 말까 망설이는 손님에게 "사시면 옵션으로 카 TV를 붙여드리지요"라고 프리미엄을 제시해 구매하도록 만드는 것이다.

또 매장에서 2만 원짜리 정가가 붙어 있는 상품을 보고 살까 말까 망설이고 있는 고객에게, "곧 폐점 시간이니까 특별히 1만 8천 원에 드리지요"라고 말을 건네 사도록 하는 것이다.

이러한 방법을 '댓츠 낫 올(That's not all)' 기법이라고 부른다. 직역하면 "그것만이 아니에요"가 되겠지만 구입을 망설이는 고객에게 상품 이외에도 특전이 있다고 제시하는 것을 의미한다.

이 기법의 효과를 조사한 다음과 같은 실험을 살펴보자.

대학의 축제에서 심리학과 학생들이 만든 컵케이크를 사러온 학생들이 실험 대상이었다.

첫번째 실험에서는 경품(쿠키 2개)을 붙여주는 것에 대한 효과가 측정되었다. 컵케이크에는 일부러 정가를 붙이지 않아 사려고 하는 사람은 가격을 물어보아야만 했다. 학생들이 가격을 물어보면 실험자가 75센트라고 대답하는 것에는 다름이 없었지만 실험자가 대답하는 방식에 따라 학생들은 다음과 같이 두 그룹으로 나누어졌다.

1) 그룹 1 : 학생이 살까 말까 망설이고 있을 때, 실험자의 뒤에서 신문을 읽고 있던 다른 실험자가 실험자의 등을 친다, 실험자는 학생에게 "잠깐만 기다려주세요"라고 양해를 구한 뒤 다른 실험자와 몇마디 말을 나눈다. 그리고 나서 "서비스로 쿠키 2개를 드리지요"라고 학생에게 말한다. 특별히 당신에게 서비스를 해준다는 것을 암시하는 절차를 밟은 것이다. 그리고 나서 학생이 살 것인가 말 것인가가 측정되었다.

2) 그룹 2 : 학생이 컵케이크의 가격을 물어보면 즉시 쿠키 2개를 보이면서 세트로 75센트라고 대답한다.

결과를 보면 그룹 1의 경우 73퍼센트가 구입한 반면 그룹 2에서는 40퍼센트에 지나지 않았다.

두 번째 실험에서는 할인의 효과가 측정되었다. 이 경우에도 학생들은 두 그룹으로 나누어졌다.

1) 그룹 1 : 학생이 가격을 물어보면 처음에 1달러라고 한 후 제1실험에서와 같은 절차를 밟고 나서 "곧 폐점이니까 75센트에 드리지요"라고 대답한다.
2) 그룹 2 : 학생에게는 처음부터 75센트라고 대답한다.

결과를 보면 그룹 1의 경우는 73퍼센트가 구입을 했지만 그룹 2의 경우는 44퍼센트에 불과했다.

두 실험은 특전을 준다는 것의 효과가 대단히 크다는 것을 보여준다. 특전을 붙여주는 것은 왜 효과가 있는 것일까? 다시 말하면 특전을 붙여주는 것이 사람의 심리에 어떠한 영향을 미치기에 이렇게 효과가 있는 것일까?

여기에는 두 가지 이유가 있다. 우선 '호의의 상호성'이라는 것이다. 남이 호의를 베풀면 자기도 호의를 나타내게 된다는 것이다. 점원이 서비스해준 것에 대한 보답으로 사고 싶은 마음이 든다는 것이다. 특히 "손님에게만 서비스해드리죠"라는 식으로 대상을 한정하는 듯한 말을 붙이면 호의의 상호성이 높아진다는 것은 잘 알려져 있는 사실이다.

두번째로는 상품 가격에 대한 기준이 변화한다는 점이다. 처음에는 조금 비싼 게 아닌가 했던 것이 특전을 붙여줌으로써 싸게 느껴진다는 점이다. 여기에서 얻어지는 '이익이다' 라는 느낌이 승낙으로 이어지는 것이다.

착각에 빠지지 않는 6가지 방법

우울증에 걸린 사람들은 통제의 착각에 빠지지 않는다고 한다. 자기 자신에게 부정적이어서 자기에게 다른 것들을 통제할 능력이 있다고는 전혀 생각하지 않기 때문이다. 그만큼 우울증 환자들은 현실적이다. 그 결과 삶에 대해 비관적이며 소극적이 될 수밖에 없다.

반면에 착각에 잘 빠지는 사람일수록 자기 자신을 긍정적으로 생각하고, 낙관적이며 적극적이다. 착각에 잘 빠지는 사람일수록 삶에 대해 긍정적인 태도를 갖는다는 것이다.

인간인 이상 누구나 빠질 수밖에 없는 착각이 있다. 정도의 차이는 있겠지만, 소수의 법칙이라든지 우리의 생활이 설마 깨지겠느냐는 일상성의 편견과 같은 착각들은 누구나 빠져 있고, 우리는 이러한 착각들 때문에 삶에 희망을 갖는 경우도 있다. 또 사람들은 착각에 빠져가면서까지 심리적인 안정을 구하려는 경향마저도 있다. 착각의 긍정적인 면도 적지 않다는 말이다.

하지만 IMF 사태 이후 돈이라는 것이 우리 사회의 최고 가치로 자리를 잡으면서 착각의 긍정적인 면만을 강조하고 있을 수는 없게 되었다. 돈을 위해서라면 무슨 일이든 할 수 있다는 세상에서 착각만 하고 있다가는 당하기 때문이다.

지금 사회는 끊임없이 소비하기를 요구하고 있다. 개인들의 욕망을 만들어내고 매스컴을 총동원해 그 욕망이 반영된 이미지를 확산시켜가면서 소비하는 존재로서의 인간만을 강조하고 있다. 그 결과 필요에 의한 소비가 아니라 욕망에 의한 소비가 사회에 팽배하고 말았다.

더구나 그 욕망은 만들어진 욕망이고 이미지는 편향된 것이다. 가령 다이어트의 경우를 보자. 소수에 속한 사람을 평균이라 여기게 만들어 그 사람의 몸매를 닮아보려 수많은 사람이 약을 먹고 수술까지 받는다는 것은 참으로 어처구니없는 일이다. 100미터를 10초대에 뛰는 사람을 평균이라고 착각하게 만들어, 연습하면 모든 사람이 10초대에 100미터를 달릴 수 있다고 믿게 만드는 것과 무엇이 다를까?

넋 놓고 있다가는 만들어진 이미지에 넘어가 착각 속에 하루하루를 보내기가 너무나 쉬운 시대이다. 우리가 착각을 이해하고 거기에 빠지지 않는 법을 진지하게 생각해보아야 하는 이유가 여기에 있다. 착각에 빠지지 않는 몇가지 방법들에 대해 정리해본다.

1. 전문가의 말을 맹신하지 말자

특히 돈과 관련된 분야에서 전문가의 말을 그대로 믿어서는 낭패를 보기 십상이다. 어느 업종의 전문가란 그 업종이 활발하게 움직이고 있을 때 진가를 발휘한다. 그 업종이 쇠퇴해가고 활동 자체가 위축되었을 때, 그들의 역할은 한정될 수밖에 없다.

증권의 경우를 생각해보자. 증시가 대세 상승기로 접어들면 사람들의 관심이 온통 증시로 쏠려 증권 전문가들은 매스컴에 나오라 강연하라 종목 찍어주라 상담 들어주라 바쁘기만 하다. 수입도 물론 늘어나고…… 하지만 반대로 증시가 대폭락기로 접어들면 사정은 판이해진다. 떼돈을 벌기는커녕 웬만한 전문가라면 생활비 벌기에도 급급할 것이다. 심지어는 투자자들의 등살에 못 이겨 도망 다니기 바쁜 전문가들도 나오게 된다.

부동산의 경우도 다를 바 없다. 부동산 침체기라면 사무실 운영하기도 힘든 전문가가 드물지 않을 정도이다.

이처럼 전문가란 원래 자기 영역을 키워야만이 제 빛을 발휘한다. 또 그것이 전문가의 기본적인 역할이기도 하다. 전문가가 속한 영역, 즉 그가 활동하는 시장을 키우기 위해서는 돈이 반드시 필요하다. 그리고 그 돈은 당신과 같은 보통 사람들의 돈이기 마련이다. 전문가란 당신의 돈을 끌어들이지 않으면 존립 자체가 어려운 존재이다. 당신의 지갑을 열게 하지 않으면 그들 자체가 불필요한 존재로 전락해버린다는 것이다.

따라서 전문가의 말을 그대로 믿을 필요는 없다. 아무리 당신을 생각해주는 듯한 말을 하더라도 그들의 입장을 감안해서 들어야 한다. 전문가들의 말을 맹신하다 보면 당신의 지갑이 텅텅 비게 될 가능성이 100퍼센트이기 때문이다.

2. 매스컴을 지나치게 믿지 말자

아무리 인터넷 시대라고 하더라도 아직은 믿고 신용할 수 있는 정보는 텔레비전, 신문, 라디오, 잡지 등의 기존 매체를 통하여 더 많이 얻을 수 있다. 또한 얻는 정보의 양도 기존 매체를 통한 것이 아직은 더 많다. 텔리비전이나 신문에 대한 신뢰도도 여전히 높다.

사정이 이렇다 보니 사람들에게는 매스미디어를 맹신하는 경향이 있다. 그 결과 매스미디어가 의도했든, 의도하지 않았든 그들은 어느새 우리를 착각에 빠뜨리는 주범이 되고 말았다. 특히 대부분의 수입을 전적으로 광고에 의존할 수밖에 없는 매스미디어

로서는 기업이 양산하는 편향된 이미지를 사회에 확산시키는 첨
병이 될 수밖에 없는 면이 있다.

부동산 투자나 주식 투자에서 매스미디어가 장밋빛 전망으로
메워질 때면 좋은 시절은 끝이라는 것은 이미 상식이 되어버렸다.
이러한 장밋빛 전망에 속아 투자에 나서면 손해를 볼 수밖에 없다
는 말이다. 다시 말하면 매스미디어의 말을 그대로 듣다간 망하기
십상이라는 말이다.

현실이 이래도 개인들은 정보의 대부분을 매스미디어에 의존할
수밖에 없다. 매스미디어에 속지 않고 친하게 지낼 수 있는 법, 몇
가지를 알아보자.

단정형의 기사나 보도는 조심하라

이 세상에 절대적인 것은 없다. 일방적으로 모든 것을 단정해버리
는 기사나 보도를 보면 그것은 기사 작성자의 주관이라고 생각하
자. 기자, 해설자의 심리 상태를 유추하면서 일정 부분만 사실로
받아들일 수밖에 없다. 자신이 쓴 입장이라고 생각하면서 읽거나
보면 착각에 빠지지는 않는다.

전문형(傳聞型) 기사는 반드시 사실을 체크하자

"……인 듯하다" "……라고들 한다"라고 쓰는 것은 교묘한 기

사 작성법으로, 여러 사람들이 말한 듯한 인상을 줌으로써 객관적인 듯 가장하는 것이다. 이런 보도나 기사에 접하면 우선 사실을 체크하자. 또한 "……의 핵심 관계자" "신뢰할 수 있는 관계자"라고 소스가 명시된 것은 정보 제공자가 의도적으로 정보를 흘린 것이라 보면 착각에 빠지지 않는다.

중요한 기사일수록 쓸데없는 형용사를 지워버리고 신문을 읽자

"어두운 표정으로" "어이없는" 등의 이미지를 연상시키는 수식어를 다 지우고 기사를 읽으면 사실을 좀더 쉽게 파악할 수 있다.

'전망' 의 가능성을 읽는다

"……할 듯" "……할 전망이다"라는 예측 기사는, 그것이 기사 작성자의 기대나 희망인가, 아니면 객관적 사실로서 어느 정도의 가능성이 있는지를 확인하면 좋다. 이런 기사들은 반대 의견과 반드시 비교해볼 필요가 있다.

신문은 반드시 여러 종을 읽자

신문은 공공성을 추구하지만, 기본적으로는 독자와 광고에 의하여 유지되는 기업이라는 것을 잊지 말아야 한다. 이 말은 사안에 따라 신문사의 입장이 있을 수 있다는 것이다. 특정한 신문만 읽다 보면 그 회사의 입장을 언론 전체의 의견이라고 생각해버리기 쉽다. 따라서 중요한 문제일수록 복수의 신문에서 확인하는 습관을 들이자. 요즈음 인터넷 신문은 아직 무료이니 비용도 들지 않는다. 약간의 시간만 필요할 뿐이다.

3. 먼저 써본 사람들의 말을 그대로 믿지 말자

상품이나 서비스에 따라서는 광고보다도 사용해본 사람들의 말이 구매에 결정적인 영향력을 미치는 경우가 있다. 이른바 입소문에 의한 소비이다. 요즈음 우리 사회와 같이 필요에 의한 소비가 아니라 남이 쓰니까 나도 써야 한다는 식의 소비가 판치는 경우, 소비자들은 이런 입소문에 강하게 영향을 받을 수밖에 없다.

심리적으로 볼 때 여기에는 심각한 문제점이 있다. 경쟁 상품과 별 차이가 없는 고가품의 경우, 그것을 사용해본 사람들은 실제 이상으로 그 상품을 높이 평가하는 경향이 있기 때문이다.

대개의 상품은 경쟁 상품이 있다. 기술 수준이 높은 요즈음 경쟁 상품보다 모든 면에서 압도적으로 우수한 상품은 존재하기 힘들다. 경쟁 상품에게도 이쪽 상품이 갖지 못한 장점이 있고, 이쪽 상품에게도 단점이 있다는 말이다.

구매가 이루어졌을 경우, 특히 경쟁 상품이 있는 고가 상품인 경우, 이쪽 상품을 선택함으로써 다른 상품을 놓쳤다는 아쉬움이 남는다. 특히 요즈음과 같이 상품간의 뚜렷한 차이가 없는 시대에서는 더욱 아쉬움이 남는 경우가 많다. 내가 산 상품에도 물론 장점이 많지만 사지 않은 상품에도 그에 못지않은 장점이 있기 때문이다. 이처럼 상품 구입 후 아쉬움이 남는 현상을 사회심리학에서는 '결정 후의 인지적 불협화'라고 한다.

상품 A와 상품 B를 놓고 저울질하다 결국 상품 A를 샀다고 하자. '상품 B를 사지 않고 상품 A를 샀다'라는 생각과 '상품 A에도 단점이 있고 상품 B에도 장점이 있다'라는 생각은 모순되어 불협화를 일으킨다. 불협화를 없애는 방법은 두 가지이다. 상품 A를 팔고 상품 B를 사는 것이다. 대개 이 선택을 하기는 어렵다. 행동의 차원을 바꾸어야 하기 때문이다. 그렇다면 남는 길은 상품 A와 상품 B에 대한 생각을 바꾸는 길이다. 상품 A의 장점은 높이 평가하고 상품 B의 단점을 지나치게 강조하는 과정이 마음속에서 진행된다. 그 결과 상품 A에 대한 호감이 높아질 뿐 아니라 평가 자체도 높아진다.

구매의 결정 → 인지적 불협화 → 태도 변화 → 상품에 대한 평가의 변화라는 일련의 과정이 당신의 마음속에서 진행되는 것이다. 이런 과정을 거치다 보면 상품 A에 대해 실제 이상으로 높이 평가하게 되는 것이다. 다시 말하면 상품 A가 특별히 우수하지 않을수록 그것에 대한 평가가 지나치게 높게 된다는 말이다.

특히 그 상품에 대하여 누군가에게 말할 때 그들이 그 상품을 높게 평가하려는 경향은 두드러지게 된다. 상품을 떠올림으로써 잊혀져 있던 불협화가 다시 생겨나, 그것을 없애려는 노력이 다시 나타나기 때문이다. 겉으로는 다른 사람에게 그 상품의 좋은 점을 나열하고 있지만 속으로는 자신의 불협화를 없애려는 노력도 병행되고 있는 것이다.

그렇다고 해서 그 사람들이 거짓말을 하고 있는 것은 아니다. 다만 상품이 우수해서 좋아진 것이 아니라 우수하다고 생각하고 나니 그 상품이 좋아지게 되었다는 것을 모르고 있을 뿐이다.

써본 사람들의 말을 그대로 믿고 상품이나 서비스를 구매하거나 사용한다는 것은 잘못되면 착각에 빠진 사람의 말을 듣고 똑같은 착각에 빠지는 식이 되기 쉽다. 먼저 써본 사람의 말을 그대로 믿지 말아야 하는 이유가 여기에 있다.

4. 남과 비교하지 말자

사람은 비교하는 동물이다. 사람은 자신의 의견과 능력을 다른 사람과 비교할 때에는 친구나 동료 등 자기와 능력이 유사한 사람과 비교하는 경향이 있다. 유사한 사람과 의견이 일치하면 자신의 의견이 옳다고 생각하고 틀리면 옳지 않다고 생각하는 것이다. 유사하지 않은 사람과의 의견의 일치는 오히려 평가를 어렵게 한다.

다른 사람과의 비교에는 자기 자신을 정확하게 평가하기 위한 것 이외에 자신의 자존심을 높이기 위한 비교가 있다. 자존심을 높이기 위한 비교에는 두 가지 형태가 존재한다.

첫번째는 적극적인 방법으로, 자존심이 높아져 있거나 자신의 성적을 올리려는 동기가 강할 경우 이루어지는, 자신보다 우월한 사람과의 비교이다. 이것을 상방 비교라고 부른다.

순위 방식이라고 불리우는 일련의 실험에서는 몇 명이 모여 성격 검사를 실시해 피험자 각각에게 득점을 알려준다. 그 후 누구의 점수를 알고 싶은가를 피험자에게 물어보는 것이다. 만일 피험자가 상방 비교를 한다면 자기보다 우수한 점수를 기록했던 사람의 성적을 알고 싶어할 것이다.

실험의 결과를 보면 시험의 성적이 좋아 자존심이 고양된 상태에서는 자기보다 성적이 좋은 사람의 점수를 알고 싶어하는 상방 비교가 일어나는 경향이 있었다.

두번째의 소극적인 방법은 다른 사람과의 비교로 자신의 자존심이 상처입을 염려가 있을 때 이루어지는 것으로, 자신보다 능력이 떨어지는 사람과 비교를 하는 것이다. 이것을 하방 비교라고 한다. 순위 방식 실험에서 보면 자존심이 위협받는 상황에서는 자기보다 낮은 점수를 기록했던 사람의 점수를 알고 싶어하는 하방 비교가 자주 일어난다.

　우리의 일상 생활에서 자주 이루어지는 이러한 상방 비교와 하방 비교는 두 가지 모두 다 상당한 위험성을 내포하고 있다.

　상방 비교가 이루어질 때를 생각해보자. 상방 비교가 이루어지는 시점에는 이미 자신을 과대 평가하고 있을 때이다. 자신의 성적이 좋아 자존심이 고양되었기 때문이다. 이것은 바로 자기보다 나은 사람, 즉 자기가 비교하는 사람에 대한 과소 평가로 이어진다. 그 결과 상대가 별것도 아닌 것 같은 생각이 들고, 또 자기도 하면 될 것 같은 마음에 무리를 하기 쉬워진다.

　가령 부동산 투자를 잘해 돈을 벌고 있을 경우가 이에 해당된다. 돈 좀 벌었다고 우쭐해 있겠지만 주위를 보면 더 많이 번 사람이 있기 마련이다. 상방 비교가 이루어진다. '별것도 아닌 사람이 벌기도 많이 벌었네. 나라고 못 벌소냐' 하는 마음이 들어 은행에서 대출이란 대출은 다 받아 다른 곳에 또 투자를 한다. 하지만 대개 이 시점은 부동산 시장의 상투이기 쉽다. 결국 번 것 다 날리기 쉬울 뿐 아니라 그 뒤 당신은 줄어드는 대출 한도와 이자에 골머리를 썩여야 할 것이다.

　하방 비교의 경우도 다를 바 없다. 하방 비교가 이루어지는 시점에는 이미 자신에 대한 과소 평가가 이루어져 있는 상태이다. 이것은 바로 자기가 비교하는 사람에 대한 과대 평가로 이어진다.

주식 투자의 경우를 보자. 자신은 이미 반토막이 난 상태이다. 여기서 벌었다는 사람의 이야기를 들으면 자존심이 상처받기 때문에 누가 얼마를 벌었다는 식의 이야기에는 눈도 귀도 주지 않는다. 관심은 자기보다 더 많이 잃었다는 사람에게만 있다. '야, 저 사람은 완전히 깡통을 찼을 뿐 아니라 잔고가 마이너스가 되어 증권 회사에 돈을 더 집어넣어야 한다네. 거기 비하면 나는 아직 반토막밖에 안 되니까' 하고 스스로를 위로한다. 더 많이 잃었다는 사람들의 이야기에 상처받은 자존심을 회복하려 애쓰고 있는 것이다.

여기서 중요한 것은 자신에 대한 과대 평가나 과소 평가 모두가 착각이라는 점이다. 착각은 착각을 불러 올바른 판단을 내리는 것 자체가 힘들어진다. 착각 속에서의 투자는 착각 속에서의 소비보다도 더 위험하다. 그 결과는 치명적일 수 있으니까 말이다.

5. 칭찬을 경계하자

판매원의 입에 발린 말에 넘어가 별 필요도 없거나 턱없이 비싼 상품을 사고 나서 후회해본 사람도 많을 것이다.

"결혼하셨어요? 그렇게 안 보이는데" "40대세요? 전 20대인 줄 알았는데……" "어쩌면 이렇게 옷태가 좋으실까……"

이런 식의 뻔한 말에도 사람은 누구나 기분이 좋아지고 자기가 무엇이나 된 것처럼 생각하고 만다. 또 칭찬을 들으면 '저 사람이 나를 좋게 평가하고 있다' 라는 생각이 들어 말을 들어주기도 쉽고 또 상대방의 기대대로 행동을 하기 쉽다. 그 결과 판매원의 기대대로 상품을 사기 쉽다는 이야기이다.

더 심각한 것은 사람이 칭찬을 받아 우쭐해지면 무슨 일을 저지를지 모르게 된다는 점이다. 마음에 거품이 끼게 되면 평소에는 꿈도 꾸지 않았던 행동마저 쉽게 저지르고 마는 경향이 우리에게는 있다.

몇 마디 칭찬의 말에 공격적인 행동마저도 서슴없이 저지르는 다음과 같은 실험을 살펴보자.

두 사람이 참가하는 이 실험에서 한 사람은 학생역, 또 다른 사람은 교사역을 맡게 된다. 교사역을 맡은 사람은 학생에게 문제를 하나씩 내준다. 학생이 그 문제를 풀면 다음 문제로 넘어간다. 하지만 문제를 풀지 못했을 경우에는 학생에게 벌을 주어야 한다. 교사역을 맡은 사람이 주어야 하는 벌은 전기 쇼크였다.

전기 쇼크는 1에서 10까지의 10단계로 나누어져 있었고 교사는 그 가운데 적당하다고 생각되는 수준의 것을 선택할 수 있었다.

곁에 있던 실험자가 잠자코 지켜보고만 있으면 교사역의 사람들은 보통 그다지 높지 않은 수준의 전기 쇼크를 선택하는 경향이 있었다. 누구라도 그렇겠지만 잘 알지도 못하는 사람에게 강한 쇼크를 준다는 것이 내키는 일은 아닌 것이다.

하지만 실험자가 전기 쇼크를 줄 때마다 옆에서 칭찬을 하면 사정은 완전히 달라진다. 조금 강한 수준의 전기 쇼크를 선택할 때마다 옆에서 "아주 좋아요" "네, 그렇게요"라고 부추겨주면 교사역의 사람들은 점점 강한 쇼크를 선택한다. 눈앞에서 학생은 고통에 겨워 비명을 지르고 있는데도……

이처럼 사람들이란 명령이나 강제가 아니라 약간의 칭찬을 받는 것만으로도 평상시라면 엄두도 못 낼 공격적인 행동마저 간단히 해버리고 마는 것이다.

사람은 자신을 칭찬해준 사람에게는 호의적이 되기 마련이다. 호의의 상호성이라는 것이다. 호의를 느낀 사람의 말은 거절하기 힘들다. 상품을 사는 경우 칭찬을 해준 판매원에게 호의를 느끼게 되면 결국 판매원의 이야기를 이것저것 들어주게 된다. 결국 그다지 필요 없는 상품이나 고가의 상품을 사게 된다. 그리고 집에 돌아와서는 왠지 마음 한구석이 찜찜하기만 하다.

흔히들 자기는 입에 발린 말에 넘어갈 정도로 어리석지 않다고 생각한다. 하지만 기존의 사회심리학의 연구 결과에 따르면 실상은 이와 정반대이다. 다시 말하면 누구나 입에 발린 말에 넘어갈 가능성이 있다는 말이다.

쓸데없는 칭찬의 말을 경계하자. 구매하는 상황뿐 아니라 모든 상황에서 칭찬의 말을 경계하자. 누군가가 당신을 칭찬할 때는 다 이유가 있는 것이다. 그것이 착각에 빠지지 않는 지름길이다.

6. 거울을 자주 보자

심리적으로 볼 때 거울은 거울 이상의 역할을 한다. 거울은 바깥으로 쏠려진 관심을 자기에게로 되돌리는 작용을 한다. 이것을 사회심리학에서는 '자기 초점(self focus) 현상'이라고 부른다. 거울에 비친 자기 모습을 봄으로써 자기 초점이 이루어져 자기에게 관심이 쏠리게 된 상태에서는 이상적인 자기 모습이 의식된다는 것이 알려져 있다. 이상적인 자기 모습과 거울에 비친 현실의 자기가 일치하지 않을 때 사람은 불쾌감을 느끼게 된다. 그 결과 이상적인 자기에게로 돌아가려는 행동을 취하게 된다. 이것을 자기 각성이라고 부른다.

이러한 자기 각성을 다룬 유명한 실험에서 남자 대학생은 여자 대학생에게 전기 쇼크를 주는 역할을 맡게 된다. 전기 쇼크의 강도는 남성 스스로가 정하도록 되어 있었다. 대학생들은 두 그룹으로 나누어져 한 그룹의 경우 전기 쇼크를 주는 남자 대학생 앞에 거울이 놓여 있었고, 다른 그룹에는 거울이 없었다.

실험의 결과를 보면 거울이 있었던 경우가 없었던 경우에 비하여 주어진 쇼크의 강도가 두드러지게 낮았다. 여성을 공격하는 야

만적인 남성이라는 거울에 비친 자기 모습이 이상적인 자기상과
는 너무나 동떨어진 것을 남자 대학생들이 견디기 힘들어한 데에
서 비롯된 결과이다.

이러한 결과가 현실에 직접 적용된 경우도 적지 않다. 가령 일
본의 도쿄 디즈니랜드 여자 화장실에는 거울이 없다고 한다. 디즈
니랜드는 꿈과 환상을 파는 곳. 환상적인 세계를 흠뻑 즐기던 여
성이 문득 거울에 비친 자신의 모습을 보면서 현실의 세계로 돌아
오는 것을 막기 위한 배려라고 한다.

또한 투신 자살자가 많기로 유명했던 한 지하철 역이 등신대 거
울을 곳곳에 설치, 투신자를 없앴다는 보고도 있다. 일단 투신을
생각했던 사람도 거울에 비친 자기 모습을 보면서 자살은 좋지 않
은 행위라는 평소의 생각으로 되돌아갈 수 있었기 때문이다.

거울의 이러한 역할을 이용하자. 누구의 말을 들어 계약을 하게
되거나, 주식을 사려고 하거나, 아니면 고가의 상품을 사게 될 때
는 거울을 들여다보자. 거울의 비친 자기 모습을 일단 확인하고
나서도 늦지 않다. 거울에 비친 자기 모습이 평소와 다르다면 다
시 한 번 생각해보는 것이 좋다. 스스로 충동적이라고 생각하는
사람일수록 거울을 자주 보자.

세상을 움직이는 착각의 법칙

2002년 10월 15일 초판 1쇄
2002년 10월 30일   2쇄

지은이   이철우
펴낸이   장대환
펴낸곳   매일경제신문사 www.mk.co.kr
등 록   1968년 2월 13일 (No. 2-161)
주 소   우) 100-728 서울 중구 필동 1가 30번지
전 화   02) 2000-2610~2 (출판팀)
         02) 2000-2645 (영업팀)
팩 스   02)2000-2609
이메일   publish@mk.co.kr

ISBN   89-7442-240-9
값 9,800원